Poet und Vagant

Der Dichter Cyrus Atabay

Poet und Vagant

Der Dichter Cyrus Atabay

1929–1996

Herausgegeben von
Werner Ross

Verlag C. H. Beck
München

Abbildungen auf Umschlag und Frontispiz:
Cyrus Atabay (1990),
Fotos von Brigitte Friedrich, Köln

Inhalt

Vorwort

Dieser Band, in dem der Dichter Cyrus Atabay selbst, vor allem aber seine Freunde, die wohlwollenden und die kritischen, zu Wort kommen, erscheint anderthalb Jahre nach seinem Tod, zu seinem Geburtstag am 6. September. Ist er inzwischen vergessen, oder erinnert man sich nur noch schwach an ihn – als einen von gestern? Ein Lyriker aus der großen Schar, in der auch die Lyrikerinnen eine Kohorte bilden, das Poetische so spätzeitlich vertretend, wie es im Zeitalter des Internet nicht anders sein kann? Dann also: kurz die Augen gewischt und weiter!
Oder kann es sein, daß er in Erinnerung bleiben wird, zitiert, das eine oder andere Gedicht in Anthologien neu aufbewahrt, der eine oder andere Vers – nein, nicht in aller Munde, aber den Kundigen vertraut? Der vorliegende Band ist von Autoren geschrieben, die auf die zweite Möglichkeit setzen. Indem sie berichten, deuten, erinnern, dienen sie diesem Ziel ebenso wie die ausgewählten Gedichte des Cyrus Atabay selbst.
Daß er ein so besonderer Dichter wurde, daß viele gute Namen bei dieser Sammlung mitgewirkt haben, hat auch einen besonderen Grund: Cyrus Atabay hat sich aus freien Stücken dazu entschieden, seine Gedichte in deutscher Sprache zu schreiben. Er ist Iraner, wie man heute sagt; früher hieß das: Perser. Er stammt aus der letzten Dynastie, die in Persien geherrscht hat, aus der Familie Pahlewi. Die Anschauungen über die Pahlewi-Dynastie gehen auseinander, je nach dem politischen Standort, die Tatsachen sind eindeutig: Der Kosakengeneral Reza Pahlewi riß im Jahr 1921 die Herrschaft an sich. Sein Sohn Mohammed Reza war sein erster und letzter Nachfolger, Atabay sein Enkel und ein Neffe des letzten Schah. Für die direkte Thronfolge kam er nicht in Frage. Aber er war ein Prinz. Eine höfische oder diplomatische Karriere lag im Bereich des Denkbaren. Vielleicht schickte

ihn sein Vater deshalb auf ein Berliner Gymnasium, das damals, in den dreißiger Jahren, freilich nicht mehr Gymnasium hieß und nur versteckt humanistisch bleiben konnte, weil ihm auferlegt war, völkisch zu sein.

Diese Schulzeit hätte Episode sein können in einem Exilantenleben, das sich nach der politischen Lage orientierte, also Leben in den USA, in England, vielleicht zur Not in Paris. In London hat Cyrus Atabay sein Glück versucht. Er verlernte Persisch, er lernte Englisch und Französisch und hätte das Deutsche seiner Schulzeit leicht vergessen können. Aber es stieg in ihm wieder auf, und dieser Vorgang ist für seine deutschen Kollegen und seine deutschen Freunde unglaublich lehrreich. Nein, kein Nachwirken völkischer Sympathien oder deutscher Nachbarschaftsgefühle, nichts dergleichen. Wo er sich niederließ, ging er drei Tage oder drei Jahre später gerne weg. Kein Einnisten in der Welt der Stammtische und des Bierdunstes. Nichts Rührseliges, kein Schulterklopfen, keine Anbiederung. Und was sonst?

Was geschah, ist für uns «Naturdeutsche» erstaunlich: Atabay verliebte sich in die deutsche Dichtersprache. Die Namen, die er selbst nennt, sind Brentano und Mörike, Benn und Brecht. Es ist das, was uns «Naturdeutschen» nicht passieren kann: Wir geben gerne zu, daß diese Dichter einen Zauber ausüben, aber ihr Werkzeug ist doch bloß das kommune Deutsch, denken wir, mit ein paar erlesenen Vokabeln geschönt.

Genau das war bei dem Jungen, der in Berlin aufs Abitur zusteuerte, ganz anders. Er *war* verzaubert, so wie uns eine Scheherazade verzaubern kann. Die Worte schlugen Wurzeln, und die abgelegenen, die aus dem Kurs geratenen wurden ihm die liebsten. Er hat im Ton dieser Dichter, der romantischen für den Wortzauber, der modernen für die Illusionslosigkeit, geschrieben, und die Dauerwirkung, an die wir Freunde glauben, wird bei ihm von der leichten, sicheren, einprägsamen Formulierung der alten und der neuen Gefühle ausgehen. Gerade das Orientalische, das er auf Hafis' Spuren hätte einbringen können, ist – sieht man von den Übertragungen ab – seine Sprache nicht. Seine Modernität erlaubte weder Damast noch Juwelen. Er schrieb scheinbar

leichthin, feilte in Wirklichkeit unermüdlich, bis der Naturton stand. Ein poeta doctus, der sich auf Geplauder einließ und durch Beiläufigkeit entzückte.
Wir schlagen also vor, daß man von ihm Kenntnis nehme, daß man ihn so beiläufig lese, wie er geschrieben hat, ohne Attitüde, ohne die Erwartung, Lyrik sei da zur Erzeugung höherer Gefühle. Ein Wanderer aus der zweiten Hälfte des Jahrhunderts steht vor uns, Prinz und Vagant, vor allem aber: Poet dazu. Deutsch in der Bildung (nicht: Gebildetheit), kosmopolitisch im Lebensgefühl, tragisch und komödiantisch in seinem Daseinsbewußtsein. Wer ihn langsam und aufmerksam liest, wird ihn nicht vergessen.
Der Verlag und der Herausgeber möchten ihrerseits denen aufrichtig danken, die mit ihren Beiträgen mitgeholfen haben, daß der Dichter Cyrus Atabay weiterlebt, daß einer aufmerksam wird, sich ergreifen läßt, andere hinweist, selbst erweckt wird zu Versen oder Texten, zu denen der Keim aus einem Satz von Cyrus stammt. Vergessen wollen wir auch nicht, daß seine Schwester Simine und ein persischer Vetter, eine Münchener Perserin (diese mit einem Brief Atabays an ihre Tochter), ein iranischer Filmemacher und ein türkischer Musiker zu unserem Band das beigetragen haben, was für ihn Heimat und Kindheit waren.

Werner Ross, Frühjahr 1997

Entgegennahme

Hier bin ich, ein junger Mann
unter Birken und Sternen,
der nichts so liebt wie herbstliche Alleen,
in der Tasche noch etwas Münze,
ach, mehr braucht er nicht,
und Kleingeld klingt wie Zikadenglockenspiel
in Sommernächten,
o jene sternüberrauschten Nächte.

Grenzwanderer zwischen zwei Welten,
hier liegt dein Kahn und liegt zerschellt –
den fremden Göttern entrichtete das Auge Tribut,
wie aus dem angeschnittenen Mohn Mnemosyne quillt,
es sieht die Küste klar und erträgt das Licht,
doch hör ich im Rücken immerfort das Meer:
welcher Versunkenheiten Erbe bin ich denn,
daß mich die Brandung unaufhörlich ruft?

So gehn und gehn, schattenüberhangen,
ja, Schatten, da waltete sein Glück,
zwar nur ein Schattenglück,
doch nahm er es entgegen aus Gärten,
Schneebeere und Feuergarben,
und aus deinen Händen,
Schattengefährte,
in sternüberrauschten Nächten.

Aus: An- und Abflüge, 1958.

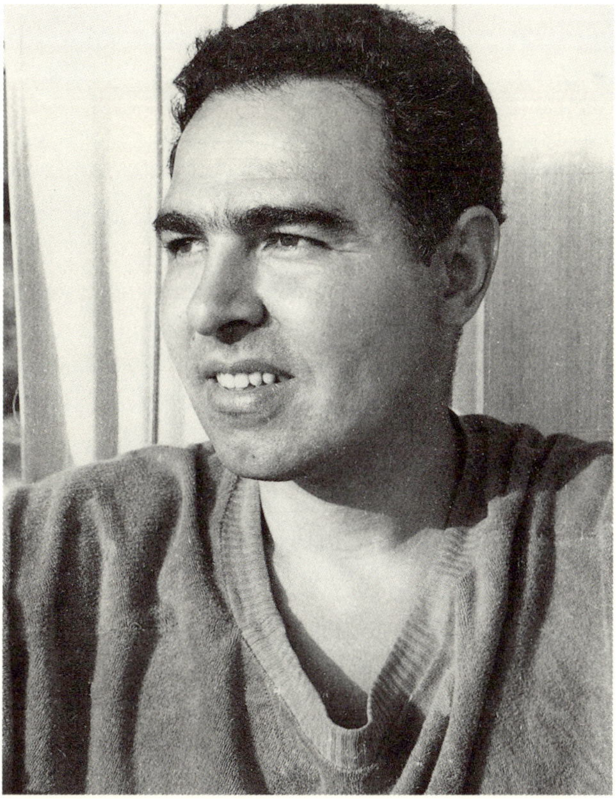

Der 25jährige Cyrus Atabay, München 1954
(Archiv Eremiten-Presse)

Erinnerungen an Cyrus

Unsere Eltern

Die Heirat unserer Eltern wurde, wie es damals üblich war, arrangiert. Daß sie nicht besonders gut zusammenpaßten, könnte erklären, warum ihre Kinder auf drei verschiedenen Kontinenten lebten.

Unser Vater, Hady Atabay, war ein Turkoman und ein sehr intellektueller Mensch. Er sprach fließend Russisch und Deutsch und war auch Vorsitzender der «Yomut Turkoman Gesellschaft». In den 30er Jahren ging er nach Deutschland, um dort seinen Doktor der Medizin zu machen. Sein Arbeitszimmer war voll mit Büchern.

Unsere Mutter, Hamdam Fatimeh, war wohl das genaue Gegenteil. Sie war das erste Kind von Reza Khan, als er noch Sergeant war. Die meiste Zeit ihrer Kindheit hatte sie in Armeelagern verbracht. Die Atmosphäre dort ist wohl nicht mit der am Lycée Français vergleichbar. Sie fühlte sich nie wohl, wenn sie der Unterhaltung nicht mehr folgen konnte.

Als Reza Khan Offizier wurde, heiratete er noch einmal, und sein politischer, gesellschaftlicher und militärischer Ruhm begann zu wachsen. Zu dieser Zeit fühlte sich unsere Mutter wie eine Außenseiterin, eine Stieftochter mit schlechter Ausbildung. Als Reza Khan Reza Shah wurde, wurde die innere Distanz zwischen Hamdam und den anderen noch größer.

Frühe Kindheit

Die frühe Kindheit war für Cyrus schwierig. Er war das jüngste der drei Kinder, aber ohne Zweifel das intelligenteste. Manchmal versuchte ich, ihn mit Fragen über die Natur oder Philosophie auf dem Stand unseres kindlichen Wissens zu necken, doch wußte Cyrus stets die Antwort, da er sich bereits Gedanken über das Thema gemacht hatte.

Cyrus als Kind
(Foto: Schlamminger)

Amir und ich waren viel einfacher und gröber. Cyrus war sensibel und immer anfällig für Erkältungen. Dies gefiel unserer Mutter nicht, und sie war sehr hart zu ihm.
Alle meine Erinnerungen sind natürlich subjektiv, aber es ist sicherlich wahr, daß Cyrus und seine Mutter auf der gefühlsmäßigen Ebene weit voneinander entfernt waren. Ich glaube, Cyrus lernte, intellektuell allein zu leben, als er noch sehr jung war.
Cyrus und Amir gingen vor dem Krieg in Deutschland zur Schule, und ich sah Cyrus über viele Jahre hinweg nicht mehr.

Der Zweite Weltkrieg

Auch während des Krieges blieben die beiden Jungen in Deutschland. Unser Vater kam zurück nach Iran, aber unsere Eltern waren bereits geschieden. Ich ging in ein Internat in Ägypten und zog später nach Amerika.

Nach dem Krieg

Sogar nach dem Krieg trafen Cyrus und ich uns erst wieder zur Zeit von Mossadegh, als wir Iran zur selben Zeit besuchten. 1971 lernten wir uns endlich als Erwachsene kennen.

Die 70er Jahre

Nachdem unser Vater gestorben war, ging ich nach Teheran, um ein Haus zu verkaufen. Das Anwesen auf der «Kakh Avenue» bestand eigentlich aus drei Häusern. Das große Haus wurde an einen privaten Club vermietet. Amir und seine Familie bewohnten das mittelgroße Haus. Das kleinste Haus, welches Cyrus bewohnte, war ein altes, einstöckiges Haus. Es hatte nur wenige moderne Einrichtungen, doch einen ehrlichen Stil und Tradition. Das Haus hatte Charme, und es umgab eine Aura von Beständigkeit.

An den Wochenenden trafen wir uns oft zum Mittagessen; mein Sohn und meine Tochter lernten ihren Onkel Cyrus als einen freundlichen, intelligenten und kultivierten Mann kennen.
Ich war glücklich. Zu lange hatten wir getrennt voneinander gelebt.
Über die Jahre nach der Revolution habe ich nichts weiter anzufügen.

(Übersetzt von Kavous Pirouzi-Pahlevan)

In einem persischen Landhaus

Tout le bizarre de l'homme,
et ce qu'il y a en lui de vagabond,
et d'égaré, sans doute pourrait-il tenir
dans ces deux syllabes: jardin.
Louis Aragon

Es ist gewiß, daß der am tiefsten lebt,
der am leidenschaftlichsten träumt.
Reinhold Schneider

Der Garten

Schon zu anderen Jahreszeiten war ich
hier, im Herbst und nach Neujahr,
aber jetzt war es Mitte April, kalt noch,
kälter als erwartet. Wir trugen unsere Koffer
ins Haus und machten gleich einen Gang
durch den Garten, die Pappelallee hinunter;
du zeigtest mir die jungen Kirschbäume,
die neugepflanzten Reben; du hattest
Pläne für den Garten, Pläne für eine verwilderte
Vergangenheit, die ihren Gärtner sucht.
Dein Großvater hatte in diesem Garten
seine Grabstätte, und hierher kamst du
zurück, nicht wie zu einem Zufluchtsort
(obschon deine Vorfahren in diesem Land
mit einem Garten lebten, der Wüste
entrissen), eher aus trotziger
Anhänglichkeit, so wie die Falken alljährlich,
kämpfend mit den Krähen,
die alte Platane zum Nisten eroberten.
Einen Teil des Jahres, wenn der Garten
am verlassensten war,
wolltest du hier leben, behelligt nur
von offenen Himmeln.

Das Haus

Was meinten wir denn, wenn wir
von einer Tschechowstimmung in diesem Haus
sprachen? Vielleicht so etwas wie ein Interregnum,
ein Schwanken
zwischen Gestern und Morgen.
Verschwendete Existenzen, die Spuren aufnahmen
und bald wieder verloren –
wer weiß, aus Torheit oder Weisheit.
Zeitweise waren alle glücklich
in diesem Haus, sagtest du; drei Frauen,
jede auf ihre Weise (auch wenn das Glück einer
jeden das der anderen ausschloß).
An Festen hat es in diesem Haus
nicht gefehlt, Gäste von weither und
Ausgelassenheit, Abende mit Musik, die Gesichter
gerötet vom Widerschein des Kaminfeuers.
Das Brunnenwasser von den Bergen
fließt unter dem Haus hindurch,
strömt weiter auf der anderen Seite
des Hauses als breiter Bach, geteilt von
der kleinen Insel mit den zwei Platanen.
Kinder, zu Besuch, laufen sogleich ans Wasser,
begierig, einen Fisch
zu fangen, während wir Älteren von der Veranda aus
dem Wasser zusehen, wie es dahin-
fließt, unaufhörlich dahinfließt.

Das Land

Die Dörfer in der Umgebung heißen
Tasch, Abr, Modjen: Schild, Fels und Wolke.
Wir fuhren nach Tasch, das versteckt
in einer Talfalte liegt; Pappelbäume ragen
wie Schiffsmasten, plötzlich, hinter einem Berg-
rücken geisterhaft helle Lehmhäuser;
in den Gassen Kinder, unterwegs zur Schule,
dort, wo die grün-weiß-rote Flagge weht.
Schlechte Zeiten für Grundbesitzer,
Landflucht und Arbeitsmangel in der Land-
wirtschaft, die Bauern arbeiten im Stahlwerk
oder in der Zuckerfabrik, die Hirten fahren
Suzuki-Motorräder.
Du hast am Berghang einen neuen Apfel-
garten angelegt, in drei oder vier Jahren
wirst du die ersten Äpfel ernten; schick mir
zu meinem 52. eine Kiste voll Äpfel,
die das Aroma dieser Gegend bewahren:
Der Landschaft mit den Wacholderbäumen,
dem Gestein in rostroten Tönen, der wilden
Iris, deren Blau wir in Kachelscherben fanden.
Hier könnte der Geburtsort des Frohsinns
sein, solange wir uns an ihn erinnern.
Die Oasen in den Weiten des Landes
sind Epiphanien, und aus verborgenen Gärten
hinter Lehmmauern hören wir den gedämpften Lockruf
des Wiedehopfs, der Erfüllung verspricht.

Dieser Zyklus entstand im April/Mai 1978, ein halbes Jahr
vor der iranischen Revolution. Er ist Zeugnis einer Epoche.
Aus: Die Leidenschaft der Neugierde, 1981.

Cyrus Atabay am Grab von Hafis, Shiraz 1964
(Foto: Schlamminger)

Terminkalender

Am 12. Mai 1983 lernte ich Cyrus Atabay, der damals soeben erst nach Deutschland gekommen war, bei einer Gesellschaft im Hause von Dr. Peter Bumm kennen. Ich war damals in dessen Auftrag mit der Transkription nur handschriftlich vorliegender Briefe von August von Platen befaßt, die Bumm für eine Platen-Biographie und eine Briefedition benötigte. Bumm verschaffte Atabay seine erste vorläufige Münchner Wohnung in der Amalienstraße.

Die Lektüre von Atabays Gedichtband «Das Auftauchen an einem anderen Ort», darin vor allem die Dedikationsgedichte, regten mich an, am 23. Juni das Gedicht «Für C.A.» zu schreiben, das sich mit Atabays Lyrik auseinandersetzt und seinen Stil aufgreift. Zwei Tage später übergab ich es ihm. Er meinte, er sei darin sehr gut weggekommen. Drei Tage später stellte mich Atabay Horst Bienek in Ottobrunn vor und zeigte ihm dabei auch mein Gedicht. Nun lautete seine Interpretation, es sei der reine Zynismus – was vielleicht auch nicht ganz unrichtig ist.

Am 7. Juni wurde Atabay in die Bayerische Akademie der Schönen Künste aufgenommen. Nach dem Empfang begleitete ich ihn zum Bühnenbildner-Ehepaar Lau. Als die Rede wieder auf mein Gedicht kam, erklärte Atabay, inzwischen verwende er es sogar als Lesezeichen – was man nicht unbedingt ernst nehmen muß. Solche unterschiedlichen Interpretationen widerfuhren mir von ihm auch bei anderen Gedichten und Prosatexten, die ich ihm im Laufe der Zeit vorlegte.

Ich traf mich oft mit ihm und suchte ihn nicht zuletzt in praktischen Belangen zu unterstützen. Er trug sich bald schon mit dem Gedanken, sich endgültig für eine Mietwohnung zu entscheiden, und erbat Hilfe bei der Möblierung. Im August 1983 bestellte er Möbel bei Ikea. Seine neue Wohnung lag in der

Ricarda-Huch-Straße in Milbertshofen (oder ‹Nordschwabing›, wie ich euphemistisch sagte). Ich half ihm dort bei der Einrichtung und besorgte bei Ikea in Eching weitere Möbel.
Am 25. Juni machte ich Atabay mit Dr. Erich Sommer («Das Memorandum», München 1981) bekannt, der ihn auf unübersetzte Verse von Michail Kusmin hinwies. Ich wurde selbst zum Boten der ins Deutsche übertragenen russischen Verse, allerdings erst im Juni 1987, und sie veranlaßten Atabay auch zu keiner eigenen Umarbeitung.
Bei einer weiteren Begegnung mit Lau am 7. August 1983 geriet ich mit Atabay in eine stilistische Kontroverse um eine Stelle in seinen Übersetzungen persischer Mystik. Eine andere Kontroverse entstand am 17. November über Atabays Plan, eine Philosophiegeschichte in Prosa-Miniaturen zu schreiben. Hingegen nahm ich seinen im Februar 1987 geäußerten Plan einer Autobiographie – mit dem Hölderlin'schen Titel «Und so kam ich unter die Deutschen» – sehr positiv auf, aber leider verfolgte ihn Atabay nicht weiter. Am 27. Oktober 1983 schrieb ich über Atabay das etwas boshaftere Gedicht «Ein Dichter in heutiger Zeit». Ich zeigte es ihm noch am gleichen Tage, und es gefiel ihm. Umgekehrt rechnete mich Atabay, von seinem «Bestiarium» aus gesehen, zur Klasse der Vögel.
Am 21. August fuhr ich mit ihm zum Schloß Leitheim, wo Baron von Tucher, mit dem ich wegen musikalischer Angelegenheiten in Kontakt stand, regelmäßig Sommerkonzerte veranstaltete. Am 24. September vermittelte ich Atabay die Bekanntschaft mit dem Maler Fabius von Gugel, dessen Gedichte ihm spontan sehr gefielen. Gugel vermittelte Atabay später u. a. die Bekanntschaft mit Axel von Ambesser.
Am 1. November besuchten wir zusammen Bachs h-Moll Messe. Am 17. November sahen wir im Theater Friederike Roths «Ritt auf die Wartburg». Am 7. Oktober 1984 machte ich ihn mit dem musikliebenden Arzt Dr. Manfred Groß bekannt, der in seinem Landhaus regelmäßig Hauskonzerte veranstaltete. Atabay bekam durch ihn sofort ein Klinikbett für eine Operation, die ein paar Tage später stattfand. Am 22. Mai 1985 stellte ich den Kontakt zu dem ebenfalls musikliebenden Zahnarzt Dr. Klaus Höfer her,

den Atabay später noch öfter traf, als er in der Herzogstraße wohnte, unweit von Höfer. Am 4. November 1985 besuchte ich mit Atabay einen Liederabend von Dietrich Fischer-Dieskau, der in der Musikhochschule für die Akademie gegeben wurde. Atabays Verhältnis zur Musik ist nicht leicht zu charakterisieren. Ich musizierte mehrmals für ihn und vernahm begründete Urteile. Andererseits schienen seine Kenntnisse im traditionellen Bestand der Musik lückenhaft und eher zufällig. Näheres geht aus einem Rundfunkbeitrag hervor, in dem er über seine Beziehung zur Musik befragt wurde.

Gegen Jahresende 1983 brachte mich Atabay zum Jour fixe des Germanisten Werner Vordtriede, der bereits 1985 verstarb. Atabay stellte auch die Verbindung zu Werner Ross her, den ich am 28. Februar 1984 erstmals traf, nachdem ich ihn schon als Dozenten an der Universität gehört hatte, und dem ich über viele Jahre hinweg zu Diensten sein konnte. Am 10. Mai 1984 machte ich Atabay mit dem neu zugezogenen Dr. jur. Manfred Reinelt bekannt, was zu einem langjährigen Gedankenaustausch in literarisch-stilistischen Fragen führte. Besonders wies ihn Reinelt auf damals noch unübersetzte Texte von Jorge Luis Borges hin.

Am 20. Januar 1985 führte ich ein Treffen Atabays mit Prof. Dr. Wilhelm Korff herbei, damals Ordinarius für Christliche Sozialethik an der Universität München, dessen wissenschaftlicher Mitarbeiter ich im darauffolgenden Jahr wurde. Fast genau ein Jahr später besuchte ich mit ihm Korff, und just Atabay, der zeit seines Lebens unter seinen Wohnungsproblemen gelitten hatte, machte Korff nützliche Einrichtungsvorschläge.

Zum Jahresbeginn 1984 kündigte Atabay seine Wohnung – erstmals, muß man sagen, denn er sollte seinen Entschluß noch mehrmals umstoßen. Er projizierte seine Akkulturationsschwierigkeiten auf seine Wohnungssituation und hielt diese für die Ursache seines Leidens. In der Ricarda-Huch-Straße litt er an der nicht zentralen Lage, der Kleinräumigkeit und dem seiner Wohnung benachbarten Aufzug. Er suchte fortwährend nach Alternativen, entschloß sich aber erst im Oktober 1987 zu der großen Wohnung in der Herzogstraße. Ich half ihm beim Einzug am 20. Oktober 1987, im November und weiterhin im Februar und März 1988, als immer noch eine Vielzahl von Bücherkartons unausgepackt war. Musikhören konnte er erst im Mai 1988. Er hatte inzwischen seine bis dahin in England gelagerten Möbel kommen lassen und verfügte nun auch über die Räume, sie zur Geltung zu bringen, wurde aber auch in dieser Wohnung nicht wirklich seßhaft. Seine Einsamkeit habe um ebensoviel zugenommen wie das Volumen seiner Wohnung, bemerkte er zu diesem Umzug.

Er ging häufig unter Menschen, zog sich aber ebensosehr auch zurück. Für das Bayerische an München hatte er durchaus ein Sensorium, doch als ich ihn 1986 aufs Oktoberfest mitnahm, bemerkte er, er werde von mir geführt wie Dante von Vergil in der Hölle.

Am 22. November 1984 fand eine Preisverleihung an Atabay durch die «Stiftung zur Förderung des Schrifttums» statt. Am 31. Januar 1985 hielt er eine Lesung in der Autorengalerie aus dem «Stadtplan von Samarkand». Am 8. Dezember 1986 nahm ich mit Atabay an der Ehrung für den damals 86jährigen Julien Green in der Akademie teil. Am 16. Februar 1989 wurde Atabay der Adelbert-von-Chamisso-Preis verliehen. Danach sah ich ihn noch zweimal, bei der Geburtstagsfeier für Werner Ross im Italienischen Kulturinstitut am 7. Februar 1992 und beim Erinnerungsabend für den verstorbenen Schriftsteller Kuno Raeber im Stadtmuseum am 20. Mai 1992.

Für C. A.

Ohne das Podest
der Überschriften
rieseln
          in bequemen
                    Bögen
Wörter zu Versen
zusammen.

Leichtfüßige Sätze
spielen
mit großen Gedanken,
ein Ich
geht um und lenkt
den Blick,
das frei von
hitziger Privatheit atmet.

Parlando kausaler Verknüpfungen;
bläßliche Prädikate bisweilen,
(zu verschmerzen mit der graziösen Verbindung des Besonderen mit dem Allgemeinen)
geschickt auch ganz weggelassen
(wie die Tonika bei Wagner).
Urwörter lyrisch, die nicht
mit ihrer Geschichte drohen.

Alltägliches
verliert die kahle Kluft
des Banalen;

Komplexes
den steifgeblümten Ornat
der Bedeutsamkeit.
Deutsch als Farbe
und
Körperklarheit.

Ein Dichter in heutiger Zeit – Für C. A.

Ich sehe ihn
noch vor mir,
den Dichter,
der sich zur
‹Zwischenstockexistenz›
emporgeläutert hatte.

Mit elastischen Schritten
schwebte dieser erklärte Schemen
durch München,
lebte in Freuden und
sorgsamer Pflege seiner
Hinfälligkeit,
und hatte sich nie
vier Stunden Arbeit
nacheinander zugemutet.

Es gibt ihn jetzt,
aber wenn ich ihn wörtlich nehme,
ist er nicht realer
als das Imperfekt,
und wahrscheinlich
ist er nur eines
der fallenden Blätter
des Herbstes
oder ein treibender Kiesel,
wie er sie stetig dichtet.

Anfänge in Heidelberg
Frühe Erinnerungen an Cyrus Atabay

Wie Laura und Tom, die Geschwister in Tennessee Williams' Theaterstück «Die Glasmenagerie» – das man eben im Zimmertheater spielte –, lebten sie zusammen: Valentina, die Studentin aus Rußland, und Cyrus, der junge Mann aus Persien. An einem Nachmittag im Frühjahr 1951 war ich zu Gast in ihrer Zweizimmerwohnung in der Altstadt von Heidelberg. Die Einladung verdankte ich Valentina: Ich hatte ihr geholfen – sie ging an zwei Stöcken –, die wuchtige Treppe im Gebäude der Neuen Universität hinabzusteigen. Sie hatte mir jedoch nicht gesagt, daß sie nicht allein lebte.

Wir saßen um einen runden Tisch, tranken russischen Tee und sprachen über Rußland. Im Herbst 1949 erst war ich nach viereinhalb Lagerjahren aus Rußland heimgekehrt und setzte nun das lang unterbrochene Studium fort. Doch wichtiger war mir das Schreiben. Schon hatte ich Kurzgeschichten in Zeitungen und Gedichte in der Anthologie «Die Dichterbühne» veröffentlicht. Aber wer war der fremde junge Mann, der eher verschlossen als verbindlich wirkte? Ein Perser? Ein Student? Er besuchte, kam heraus, weder Vorlesungen noch Seminare. Er spottete über Professoren, die Germanistik lehrten. Er wolle später, sagte er, als Lektor in einem Verlag tätig sein, der ausschließlich Gedichtbände verlege! «Er liest den ganzen Tag», sagte Valentina. «Ich schreibe Gedichte», sagte er.

Er nahm mich mit in sein Zimmer. Gegen Valentinas Zimmer wirkte es spartanisch. Auf dem sonst leeren Tisch lag ein einziges Buch: der Gedichtband «Die Holunderflöte» von Peter Gan. Ich wollte es nehmen, darin lesen, doch der junge Mann hielt meine Hand zurück und rief mit heller Stimme: «Sie dürfen es nicht anfassen! Es ist mir heilig, das Buch.»

Ja, etwas seltsam war er, der junge Mann, Cyrus Atabay.

Ich wußte nichts über seine Herkunft: Nicht, wann er von Berlin nach Heidelberg gekommen war, was ihn mit Valentina verband, wie er sein Leben bestritt. Und wie seine Gedichte waren. Er hat mir damals nie ein Gedicht gezeigt, doch er sprach immerfort über Gedichte und wie sie nach seiner Vorstellung sein mußten. Ich konnte ihn nicht gewinnen für die Lyriker, die ich las und liebte: Wilhelm Lehmann, Peter Huchel, Karl Krolow, Jürgen Eggebrecht, die Naturmagier. Ich hatte mir die Bändchen von Gottfried Benn gekauft: «Statische Gedichte», «Trunkene Flut». Besonders gefiel mir der Band «Traumkraut» von Yvan Goll. Cyrus hatte sich ausschließlich für Peter Gan entschieden. Bald danach fand er in Gottfried Benn sein Vorbild, den er ebenso verehrte wie Peter Gan.
Er zeigte mir, daran erinnere ich mich, den Ausschnitt eines Zeitungsblattes. Max Rychner, Feuilletonredakteur der Zürcher Zeitung «Die Tat», hatte 1950 drei oder vier Gedichte veröffentlicht, daneben einen kurzen Text, der die Gedichte des persisch-deutschen Lyrikers rühmte und interpretierte. Zu Recht war Cyrus stolz auf dieses Zeitungsblatt.

Wir wurden Freunde, darf ich sagen. Wir trafen uns in der Stadt. Er kam zu mir zu Besuch. Ich wohnte weit draußen am westlichen Rand der Stadt in der Siedlung Heidelberg-Pfaffengrund. Mein Bruder Theo hatte dort sein fünftes Kino erbaut; und für mich, über dem Eingang, eine Wohnung. Er wollte mir, dem Spätheimkehrer, helfen, und ich sollte ihm dafür nebenbei sein Kino verwalten. Zum Mittagstisch ging ich manchmal in ein nahegelegenes Gasthaus und nahm dann meine Besucher mit. An den Weg dorthin mit Cyrus erinnere ich mich. Er ging nicht neben mir auf dem asphaltierten Gehweg entlang der Landstraße, sondern schritt im Abstand von zehn Metern über die Felder, die Saat, das Gras. Hatte ich ihn verletzt? Wollte er der Natur nahe sein, ungestört, schweigend? Er war schwer zu durchschauen, obwohl wir Freunde waren.

Anderen, Studenten und Studentinnen, die mich besuchten, gefiel meine ungewöhnliche Wohnung; hier konnten sie Filme ansehen, ohne Eintrittsgeld. Cyrus verabscheute Filme. Er besuchte weder die Opernaufführungen im Stadttheater noch die Schauspielaufführungen im Zimmertheater. Aufregende Stücke spielte man, von Tennessee Williams, Jean Anouilh, Georg Kaiser. Auch sonst schien Cyrus bedürfnislos zu leben. Trug er nicht immer denselben Anzug, dasselbe Hemd? Einmal bat er mich, ein Telefongespräch führen zu dürfen, nach Teheran. Ich hörte ihn mit seiner Mutter sprechen, stockend, aufgeregt. Die Verständigung schien nicht leicht zu sein, als hätte er seine persische Muttersprache verlernt.

Meine Kinowohnung – Heidelberg-Pfaffengrund, Möwenweg 1 – wurde meine erste Redaktionsadresse. Zusammen mit Heinz Schöffler, meinem Freund aus Schülertagen, gründete ich die «Konturen – Blätter für junge Dichtung», die zuerst Axel Orthmann, ein dilettantischer Verleger in Aschau im Chiemgau, später VauO Stomps in Frankfurt und Stierstadt im Taunus druckte. Ich lernte andere Studenten kennen, denen das Schreiben wichtiger war als das Studieren: Gert Kalow, Reinhard Lochner, Ernst Meister, Reinhard Paul Becker. Neben Ernst Meister bewunderte ich vor allem Reinhard Paul Becker. Er hatte schon einen Gedichtband in der Eremiten-Presse veröffentlicht und übersetzte Gedichte von Dylan Thomas. Wie spannend konnte er vom Leben dieses walisischen Genies erzählen und uns mitreißen in seine Begeisterung! Von Dylan Thomas nahm ich deshalb den Titel für meine erste Anthologie: «Jahrmarkt des Traums». Ich stellte darin meine dichtenden Freunde vor, mit Lyrik und Prosa. Andere Autoren, berühmte, die in anderen Städten und anderen Ländern lebten, kamen zu Besuch: Ferdinand Lion und Wolfgang Cordan, Heinz Risse und Friedrich Burschell, Hans Erich Nossack und Wolfgang Weyrauch, Peter Huchel und Karl Krolow, Johannes Poethen und Wolfgang Bächler, Hermann Lenz, Arnim Juhre, Martin Walser und Walter Höllerer. Freundschaftliche Verbindungen, die sich danach mit meinem Leben, Schreiben und Herausgeben verknüpften.

Schade, Cyrus war nicht mehr in Heidelberg, und ich hatte sogar mitgeholfen, ihm den Umzug nach München zu erleichtern. Wilhelm Korff war zu Besuch gekommen. 1940, als Student in Erlangen, hatte ich mich mit ihm angefreundet. Er war fünfzehn Jahre älter, hatte schon damals zwei Märchenbücher veröffentlicht, und Professor Benno von Wiese hielt ihn für den gescheitesten unter den Studenten. Er schrieb eine Dissertation über Novalis. Nun war Korff Kulturreferent der Stadt Nürnberg und besaß in München ein Gartenhaus. Ich fragte ihn, ob er Cyrus bei der Wohnungssuche in München behilflich sein könne. Großzügig bot er an, Cyrus könne, bis eine Wohnung gefunden sei, in seinem Gartenhaus unterkommen. Doch Cyrus, wahrscheinlich auch Valentina, die mitzog, wollten nicht so bald, wie Wilhelm Korff es sich vorgestellt hatte, ausziehen. Ich weiß nicht, wieviele Wochen oder Monate sie im Gartenhaus blieben. Korff gab mir die Schuld. Unsere Freundschaft zerbrach. Auch die Freundschaft mit Cyrus schien zu Ende.

Ferdinand Lion, der regelmäßig zu Besuch nach Heidelberg kam, bat mich, den Juror zu spielen für einen Preis, den der elsässische Industrielle und Dichter Hugo Jacobi testamentarisch verfügt hatte. Gern sagte ich zu; ich wollte den jeweiligen Preisträger zudem in einer jährlichen Anthologie vorstellen, für die ich Dr. Herbert G. Göpfert, den Lektor, und Dr. Carl Hanser, den Verleger, gewann. Rainer Brambach und Hans Magnus Enzensberger waren die Preisträger 1956 und 1957. Als dritten Preisträger schlug ich Cyrus Atabay vor. Zehn Gedichte nahm ich in die «Junge Lyrik 1958» auf. Auch deshalb habe ich Cyrus wohl gewählt, weil ich ihm damit ein Zeichen geben konnte: Die Verärgerung über das Gartenhaus war vergessen. Die Vergabe des Preises bot, nach sieben Jahren, die Gelegenheit zur Versöhnung.

In Zürich, im «Hotel zum Storchen», hatte Pablo Jacobi, der Bruder des verstorbenen Preisstifters, das Festessen bestellt. Er, der meist unterwegs war, begleitet von einer jungen Frau, hatte sich in den Kopf gesetzt, alle Länder der Erde zu bereisen. Saß man ihm gegenüber, nahm er den Paß aus der Jackentasche und zeigte die vielen, vielen Stempel, die seine Aufenthalte in aller Welt bezeugten. Literatur interessierte ihn kaum, doch nie vorher oder nachher erlebte ich einen Mäzen, der so zufrieden, so stolz war über die Entscheidung einer Jury. Zu jedem Gast, der ins Restaurant trat, hörte ich ihn sagen: «Unser Preisträger ist ein persischer Prinz!» Cyrus und ich ließen die Zeremonien über uns ergehen. Wir lachten. Wir waren versöhnt.

Zwei Jahrzehnte später, 1982 wahrscheinlich, hätte ich Cyrus beinahe wieder zu einer Wohnung verholfen. Er war aus London nach Köln gekommen. Er habe das Gefühl, sagte er, sich in England der deutschen Sprache, die er schrieb und liebte, zu entfremden. Er könne sich vorstellen, in Köln zu leben. Mit Hilfe einer Immobilienfirma verschaffte ich ihm Adressen in Wohnvierteln, die ihm gefallen mußten, doch bei der sicher nicht leichten Suche ließ ich ihn allein. Schon am zweiten oder dritten Tag gab er auf, erschöpft. Er sagte, Köln sei eine fürchterliche Stadt. Die Absicht jedoch, London zu verlassen, war damit nicht aufgegeben. 1983 zog er nach München, wo sein peripatetisches Leben zur Ruhe kam.

Wir trafen uns noch einige Male, in München, in Köln, in Düsseldorf, 1989, als seine Verleger Friedolin Reske und Jens Olsson das 40. Jubiläum der Eremiten-Presse feierten. Unbeschwerte, freundliche Begegnungen und Gespräche. Anderen, Jüngeren, die dabei waren, hatten Cyrus und ich unsere Erinnerungen voraus: die Tage und Stunden in Heidelberg, Anfänge und Ahnungen, die ich auf diesen Seiten, wie mein Gedächtnis sie bewahrt, festzuhalten versuche.

An- und Abflüge

Sieh den nie Beständigen,
diesen kaiserlichen Jagdhabicht
mit der goldenen Kette
auf dem Federkleid –
kann man ihn auf die Hand nehmen,
kann man ihn halten,
beruhigt und sicher,
daß er bleibt,
daß er diesen Platz
nicht vertauschen wird
mit einer Felsenkuppe
oder einer dunklen Krone?

Der ruft umsonst,
der den Habicht trug,
dessen Fittich ihn streifte.
Folgt ihm noch mit dem Blick,
wie er sich hinausschwingt
in den Raum,
wie er segelt
im Gleit- oder Nonstopflug
hin über Meere und Fernen
der neuen Landung zu.

Immer wieder die An- und Abflüge,
die Ankünfte und Abschiede,
die im Augenblick
den unzerstörbaren Tempel errichten.

Aus: An- und Abflüge, 1958.

Bei einer Dichter-Beerdigung beobachtet

An einer Säule im Hintergrund in der eisigen Aussegnungshalle des Nordfriedhofs zu Schwabing lehnte mit einer überdimensionalen LILIE in der Hand eine leibhaftige KAISERIN (oder ist es deren Enkelin?). Von Kopf bis Fuß schwarz gewandet, edlen Antlitzes und offensichtlich von Alter unangetastet:

SORAYA
eine Legende schon zu Lebzeiten …

Der tote Dichter (mit der Kaiserin in lockeren «Familien-Banden» verbunden) mag vielleicht gelächelt haben in seinem Sarg über so viel blumenhafte späte Zuneigung – glücklicherweise mußte er aber – eben weil tot – keine Konsequenzen mehr daraus ziehen …

Portrait C. A.

Es
ist
das Elitäre
das Exorbitante
das Esoterische
das ihn nährt –

Hört er eine Vogelstimme
so ist's für ihn
des Kaisers Nachtigall

Senkt er seine Füße in ein Wasser
so ist's ein Seerosenteich
der von Monet natürlich

Überfallen ihn Insekten
so sind's Schneefalter
eine irisierende Wolke aus Juliblau

Fällt er in Liebe –
so ist's eine illyrische Großfürstin
silberhaarig versteht sich

Gegen den schändlichen Menschenfresser
genannt «die Zeit»
baut er emsig eine «Bastion aus Heckenrosen»

Immer ist er unterwegs
«unterwegs nach Samarkand» –
ohne je dort anzukommen...

* * *

Ross-Kastanien
liebt er exklusiv mit Nougat gefüllt.

Sprechweise

Die Sprache der Toten lernen
oder
doch
ihre Sprechweise verstehen
das fällt leichter
wenn es herbstelt
und
aus Ahorn Abfall wird
und von einer Elegie im Oktober
nur noch ihr Essiggehalt haftet
und ihr Mollton im Ohr bleibt...

Vor vierzig Jahren

Es war in Ravensburg vor vierzig Jahren, also Mitte der fünfziger Jahre, als Peter Hamm, außerordentlich jung an Jahren, an einem Abend im Mai drei junge Lyriker vorstellte: Gertrud von Marschall, Albert von Schirnding, Cyrus Atabay. Es war erstaunlich, was uns geboten wurde.
Später, so wurde mir erzählt, ein Gang durch die milde Nacht. Angesichts einer grünenden, blühenden Parkfläche konstatierte jemand: Das Beet von Rosen umrandet. Und Cyrus steigerte den Eindruck: von Rosen umbrandet. Kein Zweifel, ein Dichter, der er war, und geistesgegenwärtig.
Eine Lappalie vielleicht, doch nur vielleicht. Denn diese nur gehörte Erfahrung mit der Veränderbarkeit des Adjektivs, dieser seidene Faden, hat durch die Jahrzehnte gehalten.
Später war eine Mißstimmung nicht zu vermeiden; und wiederum Jahre später behauptete Cyrus, mich nicht zu kennen. Das war seine List und seine Revanche, der ich Respekt zolle, heute noch. Danach gab es keine Entzweiung mehr. Er war ein sanfter Freund, ein stolzer Freund, dem es einfach nicht gelingen wollte, in eine andere Stadt zu ziehen.

Schutzfarben

Da habe ich mich verstellt,
um meine Verfolger zu täuschen,

da habe ich mich totgestellt,
um dem Henker zu entkommen,

da habe ich mir die Gedanken
meiner Häscher geborgt:

und doch war in all der Zeit
der Traum, den ich träumte, unversehrt,

in all der Zeit,
in der ich die Schäden litt,

so weit, daß ich mir selbst
unkenntlich wurde,

indes mein Traum
mich erkannte.

Aus: An diesem Tage lasen wir keine Zeile mehr, 1974.

24. *März* 1995

Der Vogel, der sich auf jenem Berg
niederließ und von ihm fortflog:
Bedenke, was er jenem Berg ergänzte
und was er ihm nahm.

Aus: Aufzeichnungen sufischer Meister

Man hat ihm nachgerufen, er habe seiner Berufung als Dichter gelebt; er war freundlich, eher leise, er war nicht leutselig. Er hatte die Gabe, für einen Menschen, den er mochte und zu sich gebeten hatte, ganz da zu sein, bis der Besuch zu Ende war. Der Freund und Besucher ging dann und wußte, das war ein Stück Leben, und es war dann gleichgültig, ob sich die Begegnung wiederholen würde. Immer mehr ein Adieu als ein Au revoir. Solche Menschen, wenn sie dann plötzlich nicht mehr leben, sind noch sehr lange gegenwärtig.

Ich wußte immer, seit ich überhaupt von ihm wußte (und das ist seit über vierzig Jahren), er war da, auch wenn ich ihn lange nicht sehen oder sprechen würde. Man wußte auch immer, mindestens ungefähr, was der andere arbeitete. Die wirkliche Begegnung, das Zusammensitzen auf eine Weile, war dann ein Ereignis, ein zugefallenes Geschenk. Und wert, daß man sich den Tag merkte, auch ohne Tagebuch.

Im gleichen Jahr geboren und im gleichen Jahr zum erstenmal einen Lyrik-Band veröffentlicht, in der gleichen Reihe («Lyrik unserer Zeit»). Sein Band hieß «Einige Schatten». Max Rychner hatte in einem kleinen Nachwort – man möchte meinen: prophetisch – aus Dschelâl-eddin Rumi zitiert:

> Du bist der Schreiber und die Schrift bist du,
> Tint' und Papier und Schreibestift bist du.

Du bist die Sternenschrift am Himmel dort,
im Herzen hier die Liebesschrift bist du...
Du Ebb und Flut, Windstill und Sturm und Meer,
Schiffbruch und Schiff, und der drin schifft, bist du...

In späteren Jahren fanden wir uns wieder in der gleichen Stadt, in der gleichen Akademie. Aber nur einmal haben wir uns ausgiebig gesehen und gesprochen, im Frühjahr 1995 in seiner Wohnung in Schwabing. Später im Jahr hörte ich, daß es ihm schlecht ging und man ihn nicht mehr besuchen konnte. Zudem war ich in den USA bis in den November. Ende Januar, im Flugzeug von Berlin nach London, sah ich die Todesanzeige und einen Nachruf in der Frankfurter Allgemeinen Zeitung.
Jener Nachmittag, der damals ganz unerwartet zustandegekommen war, nahm mich noch einmal völlig in Besitz. Wieder war ich erfüllt von seiner Unwiederholbarkeit. Ich hatte Cyrus mein gerade erschienenes Buch mitgebracht, und er schenkte mir jenes von ihm herausgegebene und übertragene, «mit kalligraphischen Schmuckblättern aus der Zeit der Moghul-Kaiser» wundervoll ausgestattete Insel-Bändchen «Die Worte der Ameisen: Persische Weisheiten». Ich las noch am Abend eingehend darin. Mein Auge fiel sofort auf eine der sufischen Aufzeichnungen:

Wir, vor uns nicht endende Reisen.
Wir, vor uns so flüchtige Reisen.

Ich weiß nicht, ob mir Cyrus recht geben würde, wenn ich jetzt hinschreibe, daß ich glaube, wir hatten einen gemeinsamen Text, zu dem wir auf verschiedene Weise gekommen waren, nämlich Goethes «West-östlichen Divan». Wir hatten nie darüber gesprochen, auch an jenem mir in allen Details gegenwärtigen Spätnachmittag nicht. Genausowenig hatten wir je erwähnt, daß es in unserer im Grunde so sehr verschiedenen Lyrik Texte gab, die sich auf den «Divan» beziehen, und zwar, will man genau sein, auf das «Lesebuch» aus dem «Buch der Liebe»:

Wunderlichstes Buch der Bücher
Ist das Buch der Liebe;
Aufmerksam hab' ich's gelesen:
Wenig Blätter Freuden,
Ganze Hefte Leiden;
Einen Abschnitt macht die Trennung.
Wiedersehn – ein klein Kapitel,
Fragmentarisch! Bände Kummers,
Mit Erklärungen verlängert,
Endlos, ohne Maß.
O Nisami! – doch am Ende
Hast den rechten Weg gefunden;
Unauflösliches, wer löst es?
Liebende sich wieder findend.

«Dieses Buch», sagte Hugo von Hofmannsthal einmal – und meinte damit aber den ganzen «Divan» – «ist völlig Geist». Sicher hätte Cyrus zugestimmt. Das Hin-und-Zurück zwischen Weisheit und Leben, Text und Person war ihm gleichsam angeboren, anderen eher anerzogen und anstudiert. Vor wenigen Wochen las ich noch einmal in allen seinen Gedichtbänden und spürte, wie zart und unzerreißbar in seinen Poesien jene *aurea catena* in seinem Wort-, seinem Poesie-Empfinden war – von den Nachschöpfungen persischer Texte ganz zu schweigen.

Besonders in den frühen achtziger Jahren schrieben wir Texte, in denen die Metapher des «Lesebuch»-Gedichts im «Divan» eine zentrale Bedeutung einnimmt. Cyrus hatte bereits in seinem Band «Stadtplan von Samarkand» gleichsam einen Vor-Text verfaßt. Es handelt sich um Stück 3 von «Die Gnade der Wüste»:

Die Lehmmauer zerbröckelt,
die deinen Garten umschließt,
durch die Breschen
zeigt sich die Weite,
gekreuzt von blassen Straßen,

über die in Wellen
die Farbe der Erinnerung eilt
wie Erröten über ein Gesicht.
Wer, wer, ruft der Wiedehopf,
befreit uns von der Belagerung?
Wir haben nur eine Bastion
aus Heckenrosen
gegen die Zeit.

Drei Jahre später erscheint im Abschnitt «Vom Leichteren ins Schwerere» des neuen Bandes «Die Linien des Lebens» der endgültige Text:

Die Lehmmauer
ist der Einband
der unsere Tage
ohne daß sie verlorengehn
in den Abgrund des Gartens aufnimmt
Der Garten ist unser schönes Buch
in dem wir die Zeiten lesen
aufleuchtende Fragmente
vielfach deutbare Schrift
Nichts von dem was war
ist erloschen
eingeprägt in das Gegenwärtige –
im Grunde ist die Welt dazu gemacht
dieses schöne Buch zu werden

Der Bezug auf Goethes Gedicht ist, wie auch in dem noch folgenden dritten Beispiel, eher unbewußt. Er kannte die orientalische Literatur wie kein zweiter Lyriker unserer Tage: es war seine Welt, und ihr Licht und ihre Zeichenhaftigkeit ist in seinen Texten immer spürbar.

In meinem fast zur gleichen Zeit geschriebenen Text «Nachts, leibhaftig» ist eine Art «Rückführung» auf das «Divan»-

Gedicht (präziser kann ich es nicht sagen) so unbeabsichtigt wie unverkennbar. Leibhaftig, leib-haftig in jedem Sinne, ist der Mensch Buch geworden:

Ob
sich im Schlaf
verglittene Schultern
ob eine Hand sich
einer letzten Verschränkung
entsinnt

ob
was im Dunkel
ohne viel Absicht
auseinandergefaltet
daliegt
dies nächtliche
menschliche Buch
mit Gliedern durchschossen

ob es
geschlossen und
unaussprechlich
morgens noch einmal
aufschlägt
faßlich Seite
an Seite deutlich
erkannt und gebunden?

Cyrus Atabays Gedicht ist nahe daran zu sagen, auch der Mensch sei ein Buch, wie eine Landschaft zum Buch werden kann. Der nächste Schritt wäre dann die leibhaftige Buchwerdung des schlafenden und liebenden Menschen. *Sehen* würden wir sie nur, wenn die im Text in Frage gestellte Ankunft des morgendlichen Lichtes sie uns zeigte. Dann könnten der Tag, der Schöpfer und der Mensch wieder darin blättern. Aber ohne das Licht unterbleibt die Wiedergeburt des nächtlich auseinandergefaltet geschlossenen Buches.

Ich wünschte sehr, wir hätten dies an jenem Nachmittag des 24. März besprochen. Die kleine Skizze deutet nur an, wie das Gespräch hätte verlaufen können. Vom Licht aber war immer wieder die Rede.

In dem Band «Die Linien des Lebens» klingen Cyrus' Texte im «Epilog» in «Zwölf chassidische Strophen» aus. Deren letzte sei hier als Abschluß und zu seinem Gedächtnis zitiert:

> Schönes Licht
> deine Gastfreundschaft ist größer für uns
> als dein Besitz
> unser Trinkspruch ist ‹Zum Leben›!
> Mach deinen Weg gut
> geh ihn als gingest du auf einem Seil
> dann wird dir Musik gegeben

Stadtplan von Samarkand

Verschlagen in die Smogstädte,
die sich von den Ausscheidungen
der Maschine nähren,
war ich verloren,
der sich immerhin einmal
in der Unterwelt zurechtfand.
Ach, ich kannte andere Städte,
deren Maße die Musik Händels
in Architektur übersetzten.
Im Stadtplan von Samarkand
fand ich den Garten
und die Karawanserei,
auch die Straße,
in der du wohnst –
ich bin ein Reisender,
unterwegs nach Samarkand.

Aus: Stadtplan von Samarkand, 1983.

Cyrus

Cyrus, der Dichter, Cyrus, der Prinz aus dem Morgenland. Wer mußte nicht bei Nennung seines Namens an den Perserkönig gleichen Namens denken, an den Griechisch-Unterricht auf dem Gymnasium, an die Perserkriege, die Schlacht von Salamis? Der Name paßte nicht zu ihm, der trotz seiner Größe zerbrechlich wirkte, leise sprach, eher lächelte als lachte, sich nicht in Szene setzte, sich eher zurücknahm, dabei durchaus herzlich, und die warmen braunen Augen dem Gegenüber zugewandt.
Worüber sprachen wir? Nicht über Literatur, schon gar nicht über Poesie. Er, der unsere Sprache ja nicht wie wir mit der Muttermilch aufgesogen, sondern als Fremdsprache gelernt hatte, beherrschte sie besser als viele Literaten deutscher Zunge. In einer Zeit, in der die Sprache immer mehr verludert, zur Gossensprache, zur Teeniesprache, zum Werbeslogan, zum Bürokraten- und Politikerslang verkommt, schrieb er Verse von vollkommener Schönheit, bildhaft, sinnlich, voller Nuancen und exotischer Düfte. Seit Hölderlin und Mörike hat niemand mehr ein so wundersames Deutsch geschrieben.

Cyrus Atabay

Cyrus war ein Sonderling, ein höflicher und angenehmer für diejenigen, die ihn kannten; er war anfällig für die Launen des Schicksals, sanftmütig und kultiviert im Gegensatz zu seinen nahen Verwandten; er vermischte seine Lust und seine Liebe – bzw. ließ sie sich vermischen – mit einem Gefühl von Verachtung oder sogar Rachegefühlen gegenüber denjenigen, mit denen er tief im Streit lag. Dabei legte er Hochmut an den Tag. Er war still und einsam in seiner Eifersucht und in seinem Zorn – er beobachtete schweigend eine Welt, die ihn an ihren äußersten Rand verstoßen hatte, eine Welt, in der er zwangsläufig fremd war, eine Welt, die ihn offen dafür unterdrückte, daß er ein sensibler Träumer war, ein Dichter, ein Vernachlässigter und der zerbrechliche Enkel des kraftvollen Erbauers eines Königreiches, der sich dessen Krone genommen hatte, um es sich anzueignen, um es zu verändern, um es neu aufzubauen und während einer etwa zwanzig Jahre dauernden radikalen Herrschaft über es zu regieren.
Cyrus' Mutter war das erste Kind eines ungehobelten Offiziers der Armee, der seinen starken Machthunger mit einer beispielhaften Liebe zu seinem Land verband: Mit einer Mischung aus Patriotismus, aus Legenden und habgierigem feudalem Despotismus verwandelte er das Leben des Landes und des Volkes, seiner Untertanen. Die Idee des Bürgers war ihm unbekannt. Diese Idee war dem herrschenden System in diesem Land, das ständig seine Form veränderte, nie bekannt gewesen, wer auch immer der Herrscher gewesen war. Er betrachtete das Land wirklich als sein Eigentum, das ihm ganz allein gehörte, als seinen Grundbesitz. Als er noch ein unbekannter Offizier war und seine Frau verloren hatte, hatte er wieder geheiratet, und die Tochter, die nun keine mütterliche Fürsorge mehr erhielt, muß unter der neuen Herrin des Hauses ein hartes Leben gehabt haben,

denn diese betrachtete sie traditionsgemäß als ein unerwünschtes Andenken an die Vergangenheit ihres Ehemannes und als eine Rivalin für ihre eigenen Kinder. Als ihr Mann von den unteren Rängen einer lumpigen Armee in einem Staatsstreich zum Oberbefehlshaber aufstieg, schnell die Oberhand gewann und nun mit den komplexeren Situationen auf dem Weg zur Herrschaft beschäftigt war, gab dies seiner Frau mehr freie Hand im Haus, was die schlechte Behandlung des völlig vernachlässigten Mädchens noch verschlimmerte. Sie wurde schließlich mit einem Offiziersveteran verheiratet. Der Offizier war nicht sehr glücklich über die intime Seite der Ehe, in die er hineinbeordert worden war. Um das, was Cocteau über Radiguet sagte, in leicht abgewandelter Form zu übernehmen: der Ehemann war «vicieux. Il aimait les garçons.» («lasterhaft. Er liebte die Knaben.») Cyrus war eines der drei Kinder aus dieser Ehe, der es an versöhnenden Momenten mangelte und bei der beide Seiten zu dieser Verbindung gezwungen worden waren.

Der Großvater war nun der allmächtige Schah des Iran, und Cyrus, ein Abbild seiner Mutter und unerwünschtes Kind im zarten Alter, wurde nach Deutschland zur Schule geschickt. Bald brach der Krieg aus, der Iran wurde von den britischen und russischen Armeen besetzt, der Schah wurde zum Abdanken gezwungen und nach Südafrika ins Exil geschickt. Sein einsamer, fast vergessener Enkel, Cyrus, saß in Deutschland fest, wo er den Zusammenbruch und die Nachwirkungen der Niederlage miterlebte, ein einsamer jugendlicher Ausländer in einer verwirrenden Welt voller Ruinen und Hunger. Einige Zeit nach dem Krieg wurde er zurück in sein Zuhause gebracht, das ihn so bitterlich vernachlässigt hatte.

Mehr als zehn Jahre später traf ich ihn zum ersten Mal, Anfang 1960. Ich hatte noch nie vorher von ihm gehört. Nachdem die Übermittlung von Lyrik von der Kunst der Worte abhängt und die seinige in deutscher Sprache geschrieben war, die ich nicht beherrsche, war es mir erst nicht möglich, den Wert seiner Begabung und die Ergebnisse, die sie hervorbrachte, zu ermessen. Als mir etwas später seine Herkunft offenbart wurde, erschien mir der poetische Anspruch weniger glaubwürdig. Ein mangelndes Verständnis meinerseits, ich gebe es zu. Ich weiß nicht, wann er vor der Zeit, als ich ihn zum ersten Mal traf, in den Iran zurückgekehrt war, und ich weiß nicht und habe ihn auch nie danach gefragt, wie und wo er die Nachkriegsjahre verbracht hat. Das waren einige turbulente Jahre gewesen, und die Angehörigen der Herrscherfamilie standen auf der Beliebtheitsskala ganz unten, nachdem erst die kommunistische Tudeh-Partei und dann Mossadegh die Szene beherrschten; und als dann der von den Briten und der CIA angeregte und unterstützte Staatsstreich zugunsten des Schahs gelang, war der Schah zu schwach, und ein paar Generäle hatten für einige Zeit die Oberhand. Das war eine Situation, die völlig anders war als das, was Cyrus zur Zeit seines Großvaters erlebt hatte, der in der Zwischenzeit im Exil gestorben war. Ich lernte Cyrus über einen Freund kennen und sah ihn gelegentlich in einem Filmclub. Ich war damals sehr in meiner Filmarbeit engagiert.

Unser Kennenlernen fiel in eine Zeit, als die wirtschaftliche Situation des Landes einen Aufschwung erlebte, als sogar die Katzen und Mäuse im herrschaftlichen Haushalt an der «reichen Beute» beteiligt waren. Man sprengte sogar die archäologischen Stätten der Nation, um schnell an die möglicherweise von alten, unbekannten Zivilisationen auf der Hochebene hinterlassenen Goldschätze zu kommen – und zerstörte dabei unvermeidbar diejenigen Bodenschichten, die Hinweise auf die Periode und die historische Identität hätten geben können. Die Gefäße und Statuen, die nicht aus Metall waren, wurden in tausend Stücke geschlagen. Cyrus hielt sich abseits, unbeteiligt, all das war ihm fremd. Er nahm nicht am Rennen teil, und er war auf die Reichtümer, die seine Onkel und Tanten, seine Cousins und ihre Höflinge ausgruben und anhäuften, nicht neidisch. Er haßte die Clowns und Mitläufer, die um seine Verwandten herum waren, zutiefst, aber er beobachtete sie auch mit Mitleid und genoß ihre Anwesenheit, nicht so sehr wegen der Unterhaltung, die sie boten, sondern weil er die grundsätzliche Ähnlichkeit zwischen den beiden Gruppen sehen konnte – trotz des künstlich erzeugten zeremoniellen Status, den die eine der anderen gegenüber hatte. Es entsprach nicht seinem Temperament, zu kämpfen oder auch nur Feindseligkeit zu zeigen. Seine Reaktion beschränkte sich auf ein stummes Lächeln, das nicht einmal spöttisch war, und auf sehr seltene, aber äußerst scharfe Bemerkungen. Er war ein Verehrer von Beckett. In der Tat war das erste Geschenk, das er mir machte, eins von Becketts Werken.

Es war am Tag, nach dem er Zeuge davon geworden war, wie ich den Kultusminister, der auch der Mann seiner Tante, der Schwester des Schahs, war, in lauter und ausfallender Form offen angegriffen hatte. Das war im Palast dieser Tante geschehen, wo der Schah zur Vorführung eines Films eingeladen hatte; ich hatte die Produktion gerade, nach etwa vier Jahren Arbeit und enormen Kämpfen mit den Ölfirmen, die ihn in Auftrag gegeben hatten, beendet: ein Dokumentarfilm über die Umwandlung der Insel Kharg im Persischen Golf in einen riesigen Ölhafen. Der Minister war für dieses Amt ernannt worden, weil er mit der Schwester des Schahs verheiratet war, und das war anscheinend sein einziges Verdienst, abgesehen von seinen Manipulationen. Er hat immer den nie erreichbaren Plan verfolgt, den Vorsitz und das Monopol über alle Kunst- und Filmproduktionen im Land selbst zu übernehmen. Er hatte alles getan – und tat es noch jahrelang –, um meine Arbeit zu behindern, und er hatte versucht, seinen Doppelstatus als Minister und als naher Verwandter des Schahs dazu zu benutzen, meine Filmarbeiten, und speziell diese eine, an sich zu reißen, um sie selbst zu vermarkten. Das war ihm nicht gelungen, weil das Konsortium der Ölfirmen, das von den Veteranen der britischen Dokumentarfilm-Bewegung wie Arthur Elton und Stuart Legg beraten wurde, fand, daß sein Konzept nicht genügend kreative Kompetenz aufwies. An jenem Abend hatte dem Schah der Film gefallen, er hatte offen seine Begeisterung gezeigt, und der Minister befand die Gelegenheit für richtig, mich zu fragen, ob ich für ihn arbeiten wolle. Ich lehnte ab, und im Laufe des Wortwechsels hatte ich ihm gesagt, daß er nicht nur als Beamter und als Minister, sondern auch als jemand, der dem Schah so nahestand, ein Verräter sei. Ich hatte ihn verletzt, und da er in diesem Moment und an diesem Ort keine Chance hatte, darauf zu reagieren, war er beleidigt gegangen. In dieser Ecke waren als Zeugen der Auseinandersetzung nicht nur Cyrus und zwei oder drei andere anwesend, wie Abbass Massoudi, der Besitzer des Ettela'at-Zeitungs- und Buchverlages, sondern auch der General, der früher der befehlshabende Offizier der Leibgarde des Schahs gewesen und kürzlich zum Polizeichef ernannt worden war und der gekommen war, um mir dazu zu gratulieren, daß «der Film das Wohlgefallen Seiner Majestät gefunden hat.» Das verletzte Weggehen des Mannes, der so aufgeblasen war vor Stolz auf das, was er erreicht hatte, nahm etwas Ungutes an, nachdem Cyrus mir sagte, daß es nicht notwendig gewesen sei, «ihn so anzugreifen, wie Sie es getan haben. Glauben Sie nicht, daß der Befehl seiner Majestät, den Film hier anzusehen, wo der Mann lebt, schon ein wirkungsvoller Schlag sein sollte?»

Diese Idee wäre mir nie in den Sinn gekommen. Und ich hätte auch nicht vermutet, daß Cyrus über solche machiavellistischen Fähigkeiten der Entschlüsselung verfügte. Der düstere Ausdruck schwand vom Gesicht des Generals. Der General war ein unkritischer, eingleisig ausgerichteter Mann, der mich mehr als zehn Jahre später als Chef der Savak als «gefährlichen Saboteur» verhaften ließ, weil seine Leute einen Satz entdeckt hatten, den ich vor über 25 Jahren am Ende einer meiner Geschichten geschrieben hatte. Jetzt, ein Vierteljahrhundert später, dachten sie, dieser Satz sei eine verschlüsselte Botschaft, weil sie entdeckt hatten, daß er in einem Brief zitiert wurde, der sich unter den Papieren einiger Anhänger des linken Flügels befand, die sie gerade verhaftet hatten.

Das Beckett-Buch, das mir Cyrus am Tag darauf schenkte, schien weniger ein Ausdruck der Anerkennung für das, was ich getan hatte, zu sein – weder für den Film noch für den Streit – als ein Hinweis darauf, wie ich meine Antwort dem Minister gegenüber hätte formulieren sollen. Er äußerte mir gegenüber nie seine Meinung. Seine eigenen Reaktionen schienen auf Worte und auf ihr Fehlen beschränkt zu sein, meist letzteres. Und er konnte scheinbar nur auf die Welt der Sinne und der Sinnlichkeit reagieren. Das war seine Welt, nicht die Welt der Politik, der Ideologien, der sozialen Formen oder Reformen. Er nahm seine – selbstgewählten – Beschränkungen auf all diesen Gebieten wahr, aber das bedeutete nicht, daß er kleingeistig war. Der Gedanke, zu kämpfen, war ihm offenbar fremd. Dieser Vorfall und dieses Geschenk waren der Auslöser für den Beginn unserer Freundschaft, wie auch seine Ehrlichkeit und Direktheit und die anschließende unterschwellige Trotzhaltung.

Das Merkwürdige an ihm war sein unbeeinträchtigter, wahrer Sinn für Kultiviertheit und Format unter all seinen Verwandten mit ihrem aufgesetzten und gekünstelten vornehmen Gehabe, das so offensichtlich oberflächlich und hohl war. Bei all seiner scheinbaren Zerbrechlichkeit war er in seinem Charakter und seinem Auftreten fest. In seiner Einstellung gab es eine Verwandtschaft mit den asketischen Derwischen seines Landes, obwohl er nicht viel über sie wußte oder vielleicht überhaupt nie etwas von ihnen gehört hatte. Nicht, daß er in Lumpen herumlief. Er bemühte sich, im Rahmen seiner Möglichkeiten gut gekleidet zu sein. In seiner kleinen Wohnung innerhalb eines großen Hauses, das sein feindseliger Vater an einen exklusiven, schicken Club vermietet hatte, hatte er mit seinen sehr beschränkten Mitteln einen winzigen Wohnbereich geschaffen, der nicht luxuriös war, aber eine reich und geschmackvoll ausgestattete friedliche Ecke. Er war sein eigener Schöpfer, so schien es. Und sich selbst hatte er zu einem geduldigen, fleißigen, gewissenhaften und zufriedenen Menschen gemacht. Er hatte nichts für seine Traurigkeit getan.

Er hatte einen Weg gewählt – oder war vielleicht auf ihn geraten –, der nun sein einziges Anliegen war: etwas über die Schönheiten von verschiedenen poetischen Ideen und poetischen Formen zu lernen. Er hatte das Problem, daß es nicht leicht für ihn war, die literarische Sprache und den Satzbau der klassischen persischen Dichtung und Prosa zu lesen. Aber durch seine entwaffnende Offenheit hatte er sich die Hilfe und den Rat von Freunden gesichert – wie Foroogh, Mehrdad Samadi und seiner Frau Jamileh, Ahmad-Reza Ahmadi und Bahman Mohassess. Und er holte auf. Von seinen eigenen Gedichten wurden einige von Samadi in seine Muttersprache übersetzt, die er so sehr liebte, die er aber nie so beherrschen konnte, daß es ihn hätte befriedigen können. Er versuchte, damit näher in Berührung zu kommen, indem er eine Beziehung zu einer gebildeten Dame einging, die die Sprachen gut beherrschte – ihre eigene, das Persische, und außerdem Französisch, Englisch und, wenn ich mich richtig erinnere, Deutsch. Es war natürlich eine rein literarische «Ehe». Diese Beziehung dauerte fast zehn Jahre lang, und in den 70er Jahren verlegten sie ihren Wohnsitz von Teheran nach London.

Obwohl ich den Iran 1967 verlassen hatte und Cyrus von da an nicht mehr so oft sehen sollte, hörten wir doch weiter voneinander, entweder bei seinen Reisen nach Europa oder bei meinen kurzen Aufenthalten im Iran.

1971 machte ich meinen letzten Film im Iran und beschloß, für immer in Europa zu bleiben. Das Literatenpaar war in ein nettes Haus am Alexander Square gezogen. Aber bald begannen die Ereignisse im Iran an ihren Nerven zu zerren, und ihr Zusammenleben, in dem es eine Unvereinbarkeit gab, bekam zunehmend Risse und Sprünge. Eines Nachmittags sah ich ihn sehr traurig und nachdenklich in der Nähe des Victoria & Albert Museums in Knightsbridge. Er sagte, er habe Probleme mit dem Besitz des Hauses, und sein Geldmangel mache das Leben für ihn unmöglich, denn alles, was er besitze, sei im Iran. Ich schlug vor, er solle einen Brief an seinen Onkel schreiben und ihn um Hilfe bitten. Der Schah war zu jener Zeit in Mexiko im Exil. Er sagte, er wisse nicht, was er sagen solle, und außerdem «kann ich nicht gut genug auf Persisch schreiben». Ich sagte, «Schreib' auf Deutsch», aber er vermutete, der Schah könne kein Deutsch lesen. Ich sagte, er könne es sicher, jedenfalls ein bißchen. Er erwiderte, bei seinen kurzen Begegnungen mit ihm habe er ihn nie danach gefragt und er habe nie etwas darüber erfahren. Ich sagte, er könne nicht in seinem Pessimismus verharren, sondern müsse etwas unternehmen. Cyrus schlug vor, daß ich in seinem Auftrag schreiben solle. Ich sagte, diese Idee sei komisch und unbrauchbar. Ich hatte das Gefühl, daß er zu stolz war, selbst

darum zu bitten, und daß er es an andere delegieren wollte. Dann bot ich an, einen Text für ihn zu entwerfen, den er dann abschreiben könne. Er sagte, er könne nur gedruckte Schrift lesen, keine Handschriften, und wenn man so einen Brief mit der Schreibmaschine schriebe, würde es mechanisch erscheinen, nicht persönlich genug. Ich schlug vor, ich würde den Brieftext aufsetzen, ihn ihm dann vorlesen, damit er wüßte, was darin steht, dann müßte er ihn abschreiben, und wenn er Fehler gemacht hätte, würde ich sie anstreichen, damit er den Brief nochmal abschreiben könne, vorausgesetzt, er sei nur still, während ich schriebe. Wir gingen in sein Haus, das in der Nähe lag, und ich schrieb eine Seite. Nachdem ich fertig war, las ich sie ihm vor. Dann schaute ich auf, um zu fragen, ob es irgendwelche Kommentare gäbe. Er saß schweigend da und war völlig in Tränen aufgelöst. Es war eine sehr traurige Farce, wie er so über das weinte, was ich über ihn geschrieben hatte. Ich blieb sitzen und wartete, bis er sich beruhigt haben und den Brief abschreiben würde. Das tat er dann auch. Ich verabschiedete mich. Draußen war es kalt. In die Abenddämmerung brachen die Leuchtreklamen der Geschäfte. Die Scheinwerfer der vorbeifahrenden Autos bewegten sich wie lange Strahlen, die in der naß-schwarzen Tiefe der Straßendecke verschwanden. Ich stieg in mein Auto, das ich etwas weiter an der Straße geparkt hatte, und stellte das Radio an. Im weit entfernten Teheran hatten die «studentischen Anhänger der Imam-Linie das Nest der Verräter und Spione» angegriffen und eingenommen – die amerikanische Botschaft.
Der Brief erreichte schließlich seinen Onkel, und Cyrus wurde eine bescheidene Unterstützung zugewiesen. Später konnte er das Haus verkaufen und trennte sich von seiner literarischen Gefährtin, offensichtlich nicht ohne Bitterkeit. Er zog dann nach München. Wir telefonierten oft miteinander. Einige Male kam er nach England und besuchte uns in Sussex. Nach dem Tod des Schahs und dem finanziellen Fiasko, das seine Witwe vermutlich bei dem Börsenkrach von 1987 erlitt, wurde seine Unterstützung eingestellt, aber bald setzten sich Freunde für ihn ein, und die Hilfsleistung wurde wieder aufgenommen. 1994 machten wir

eine Reise nach München, und der Freund, der das Hotel für uns gebucht hatte, hatte darauf geachtet, daß es ganz in der Nähe von Cyrus' Wohnung war. Sie war einfach und sauber, geschmackvoll möbliert, voller Hoffnung, dafür eingerichtet, darin ein langes Leben mit Lesen, Schreiben und Übersetzen zu verbringen. Dann erfuhren wir, daß er gestorben war.

Der Sammler

Du siehst den Sammler in seiner Grotte,
seine Schätze behütend
(die ihm noch blieben
in den Verheerungen der Zeit):
Kacheln, Fayencen, Gewebe,
er sammelt die Bruchstücke der Vergangenheit,
die einst Heimat und Kindheit war.
Alle Tönungen des Azurs
findet er in den Kachelscherben,
das Gelb des Safrans und der Quitte,
so leuchtet das herbstliche Pappellaub
in den Tälern.
Alle Farben der Blumenbeete
der entschwundenen Gärten
sind in die Stoffe eingewirkt,
des Granatapfels Purpurrot
und das des Judasbaums
auf dem Teppich seines Kinderzimmers.
Wenn er mit den Fingerkuppen
die Lasur der Kacheln berührt
durchdringt ihn die Kühle der Bergquelle,
wie windbewegte Schatten
flutet Erinnern über seine Stunden.
Seine Leidenschaft ist ein Durst,
den nur der Anblick der Dinge stillt
(und aufs Neue weckt),
sie sind der Zusammenhang,
der sein Leben verbindet.

Aus: Stadtplan von Samarkand, 1983.

Begegnung mit Cyrus Atabay

In der Münchener Universität, vor dem Hörsaal 110, begegnete ich ihm am Anfang der fünfziger Jahre zum ersten Mal. Helmuth de Haas hatte den dreiundzwanzigjährigen Cyrus Atabay zu einer Vorlesung meines Doktorvaters Edgar Hederer mitgebracht. Obwohl in Berlin aufgewachsen, zur Schule gegangen und aus der Schweiz nach München gekommen, umgab den in der Nähe von Teheran geborenen Cyrus nicht nur im Namen ein Hauch seiner persischen Herkunft. Er sprach leise, mit weicher, etwas heiserer Stimme, war aber nicht allzu gesprächig, versteckte sein Fremdsein hinter einem scheuen Lächeln.

Der germanistische Lehrbetrieb machte ihm keine Freude, nur selten traf ich ihn im Hörsaal. Aber alles, was die deutsche Sprache durch lyrische Einbildungskraft zum Vorschein bringen konnte, reizte ihn. In diesem seinem erwählten Sprachfeld behauptete Cyrus Atabay von Anfang an ein schwerlich zu ignorierendes Selbstbewußtsein. Unmißverständlich beginnt das Auftaktgedicht seines zweiten Versbandes «An- und Abflüge» (1958): «Hier bin ich, ein junger Mann / unter Birken und Sternen.»

Nicht lange vor unserer ersten Begegnung war er nach München übergesiedelt. Sein Schweizer Förderer Max Rychner hatte den Wechsel empfohlen, und Rychner bat im Nachwort der ersten, noch broschierten Publikation seines Schützlings, «Einige Schatten» (1956), um Aufmerksamkeit für den «persischen Prinzen, der in unserer Sprache vom siebenten Jahr an aufwuchs und ein deutscher Poet wurde... Empfangen wir den Gastfreund, der so sehr zu uns gehört!» Das beachtenswerte Debüt, vorbereitet durch Einzelveröffentlichungen in der Zürcher «Tat», fand Bestätigung durch den Hugo-Jacobi-Preis.

München wurde Cyrus Atabay zur Wahlheimat, zeitweise. Hier fand er Freunde, hielt er sich gern auf. Hier entstanden jene frühen Verse, die er im März 1954 Gottfried Benn nach dessen melancholischem Vortrag über «Altern als Problem für Künstler» in München zeigte und in denen Helmuth de Haas eine «süße Melodik, die manchmal einen scherbigen Klang einläßt,» entdeckte.

Am Stadtrand bewohnte Cyrus ein winddurchlässiges Gartenhaus, zuerst in der Goldregenstraße, dann ein paar Schritte weiter in der Aurikelstraße. Namen, die ihn die Dürftigkeit seiner Behausung vergessen ließen, die ihn entzückten und die sich seine lyrische Sensibilität wie jedes kennzeichnende Bildwort sogleich zu eigen machte. Die Straßennamen bestimmten sein Verhältnis zu seinem Wohnviertel.

Tröstliche Gegend,
wo die Straßen Namen von Blumen tragen.
Alle diese holden Lettern,
gestiefelt und gespornt –
im Gegensatz zu den kaiserlichen Alleen,
in keine Topographie einfügbar.

Er selbst ließ sich «in keine Topographie» einfügen, weder existentiell noch in seiner poetischen Ausdruckswelt. In seinen Gedichten verbindet er orientalische, persische Anklänge mit westlichen, deutschen, aber auch antiken Vorstellungen zu unverkennbar eigenen «Landschaften des Innern», wie es in «Prosperos Tagebuch» (1985) heißt, einer der schönsten, überzeugendsten Gedichtsammlungen Atabays. Aber man entdeckte ja auch, jedenfalls in den frühen Gedichten, «leichte Anklänge, rhythmische an Benn, bildliche an Lorca», um ebenso Atabays «zauberisches Alleinsein auf dem eigenen Spielgrund» hervorzuheben.

Sein eigener Spielgrund war die Sprache. Wörter, die ihn inspirierten, trug er in ein kleines Merkheft ein, vorwiegend zusammengesetzte Wörter wie Bernsteinwälder, Zikadenglockenspiel, meerberauscht, Schattengruß. Mit solchen und ähnlichen Wörtern lebte er. Die Sprache war sein Zuhause.

Obwohl er ausschließlich in deutscher Sprache schrieb und trotz seiner Wahlheimat, hielt es Cyrus nie lange an einem Ort. Schon 1956, als Max Rychner dem Gastfreund bestätigte, er gehöre «mit allem, was er durch Geburt mitbringt», «zur Versammlung junger deutscher Dichter», bekannte Cyrus Atabay:

> Überall kurzfristig
> anlegen
> Ladungen –: Rauschgift
> entfrachten
> Aufträge für unabsehbare Meere
> bekommen –

Hinweise auf das erkannte und angenommene Unstetsein, auf das Nicht-Seßhafte, die Heimatlosigkeit durchziehen seine ersten wie die letzten Verse. Er nennt sich «Grenzwanderer zwischen zwei Welten» (1958) und beteuert: «Ich bin ein Reisender,/ unterwegs nach Samarkand» (1983).

Bei einem meiner Besuche im Gartenhaus sah ich auf seinem Schreibpult ein aufgeschlagenes Grammatiklehrbuch für die neupersische Sprache. Cyrus bemerkte meine Neugier und zeigte mir die bebilderte Grammatik. Mir fällt ein, daß ich nicht danach fragte, aus welchem Anlaß er die Sprache seiner Herkunft aus einem deutschen Lehrbuch lerne oder vertiefe. Erst später, als er München verließ, um nach Teheran zurückzukehren, erinnerte ich mich an das Lehrbuch.

Ich bin mir nicht sicher, ob er auf längere oder kürzere Zeit «das Haus seiner Väter» seiner deutschen Sprachheimat vorziehen wollte. Die Entscheidung wurde von anderen getroffen. Das Chomeini-Regime vertrieb Cyrus Atabay als Neffen des gestürzten Schahs, mit dem ihn außer der Verwandtschaft nichts verband, 1978 aus dem Iran. Er lebte einige Jahre in London, wo er eine Etagenwohnung geerbt hatte, und seit 1983 wieder in München, nun in Schwabing.

Während seines Aufenthalts im Iran und in London erschienen weiterhin seine Gedichte in deutscher Sprache, aber auch erste,

im Iran entstandene Übersetzungen altpersischer und neuer iranischer Lyrik.
Ins Deutsche übertrug er Liebesgedichte des Hafis, die Rubaijat des Omar Chajjam, Parabeln und Gedichte des Dschalad-ed-din Rumi, persische mystische Texte und Kurzprosa. Die Übertragungen ergänzte Cyrus Atabay durch kluge, aufschlußreiche Nachworte, so daß ich ihn einmal scherzhaft einen *poeta doctus*, einen «gelehrten Poeten», nannte. Aber das hörte er nicht gern. Er beanspruchte nichts anderes als originärer Dichter zu sein. Seine Übertragungen, sein eindringliches Erschließen persischer Lyrik wollte er auf keinen Fall losgelöst von seiner eigenen Dichtung, sondern als deren Fortführung gedeutet wissen.
Gleichwohl sprachen wir oft über die in Cyrus Atabays eigener Lyrik unverkennbaren Einflüsse aus der Gedankenwelt, Bilderwelt und der Symbolsprache der persischen Dichtung und des mystischen Sufismus. Wie anders wären Verse im «Stadtplan von Samarkand» (1983), in «Prosperos Tagebuch» (1985) oder schon in «Meditation am Webstuhl» (1960) zu verstehen? «Wohin die Reise auch geht:/zerbrich den Krug, versenke die Jahre,/erwarte mit leeren Händen/das Zeichen, den Wechsel der Sterne.»
Die in der deutschsprachigen Lyrik singuläre Eigenart Atabays löste bei einigen Kritikern den Vorwurf einer unbefriedigenden «seraphischen» oder «romantisierenden» Schreibweise aus. Im Grunde beruhte der Vorwurf, abgesehen von wenigen schwächeren Versen, auf einem Mißverständnis des Dichters, der seine orientalisch-persisch geprägte Erbschaft nie verleugnete und sich weigerte, dem Trend des literarisch Modischen und zeitgenössisch Erwarteten zu folgen.
Er blieb, das wußte er selbst und es erklärt seine persönliche Rastlosigkeit, ein Fremdling, ein Heimatloser. Aber eben doch befähigt, mit Hilfe der Sprache einen Zauberteppich auszubreiten, der ihm erlaubt, Entfernungen aufzuheben, zu versöhnen, wie er in den Versen von «Prosperos Tagebuch» (1985) vor Augen führt. Der Dichter identifiziert sich mit Shakespeares «Prospero», der als Schiffbrüchiger auf einer Insel landet und jeglicher Magie abschwört: «Für die letzten Jahre des Lebens/bleibt die

erheiternde Beschäftigung / Rätsel aufzulösen ...». Im letzten Gedicht des Hauptteils, einer Art Gedenkspruch, konnte ich nie etwas anderes lesen als ein verschlüsseltes eigenes Epitaph des Dichters:

> Prosperos Grab wird man nicht finden
> es liegt vielleicht in Syrakus
> oder neben dem deinen in den östlichen Steppen
> Du bist so alt wie Mohn
> und Schlehdornblüte und wenn sie der Nordwind
> herüberweht bleib ich stehn und weiß
> hier bist du vorübergegangen
> Und wenn der Granatapfel
> spaltweit seine Körner zeigt
> hast du deine Hand im Spiel

Dilrübâ

Die Träne rinnet in der Nacht für dich,
Der Seufzer früh am Morgen wacht für dich.
Was weißt du von der Trän und von dem Seufzer?
Nacht lächelt, und der Morgen lacht für dich.

HAFIS
(in der Rückert'schen Übersetzung)

So nannte mich Cyrus Atabay. Er hatte mir diese poetische, etwas anrüchige, aber gut gemeinte persische Bezeichnung zugedacht, wohl in der Kenntnis der Tatsache, daß sie wie Musik in meinen Ohren klingen würde. Denn ich war mit der osmanischen Dichtung aufgewachsen und kannte längst diesen Ausdruck, gegenüber dem das Wort «Geliebte» zu prosaisch ausfiel: «Dilrübâ» bedeutet nämlich «Herzensdieb». Die Phantasie der orientalischen Dichter wurde jahrhundertelang durch solche Gleichnisse beflügelt. Erst später erfuhr ich, daß dieselbe Vokabel auch ein etwa zwei Jahrhunderte altes, zusammengesetztes Maqām der traditionellen osmanischen Kunstmusik bezeichnet. Die Melodiemodelle der arabisch-islamischen Musik, die mit den modalen Tonreihen vergleichbar sind, werden Maqām genannt. «Dilrübâ» gewann somit auch eine heimliche Bedeutung, die sich auf meinen Beruf bezog.

Durch meinen verehrten und lieben Freund, Herrn Botschafter a. D. Dr. Ulrich von Rhamm, habe ich Cyrus circa vor einem Jahrzehnt kennengelernt. Eine seltsame Fügung sollte uns auch zum letzten Male mit Cyrus zusammenführen, als wir gemeinsam mit Herrn von Rhamm das Münchener Hotel «Bayerischer Hof» verließen.

Schon bei unserer ersten Begegnung fanden wir manche Berührungspunkte, die unserer Beziehung eine Art historischer Kontinuität verliehen. Sein Großvater, Reza Schah Pahlewi, stattete zur Zeit von Mustafa Kemal Atatürk der neugegründeten Republik Türkei einen Staatsbesuch ab. Mein Vater, Ahmet Nejat

Cyrus auf Reisen, 1990
(Archiv Luitgard Wiest)

Kosal – damals ein junger Stabsoffizier der türkischen Marine –, wurde ihm als Ordonnanzoffizier zugeteilt. Der Schah sollte auf der «Savarona», der prächtigen Staatsjacht von Atatürk, übernachten. Er war jedoch viel zu groß, um in den eingebauten Betten untergebracht zu werden. So mußte mein Vater auf dem Boden des Gästezimmers große Matratzen aufeinanderstapeln lassen, die einigermaßen seiner Größe entsprachen.
Ein weiterer Berührungspunkt war die Assistenzzeit seines Vaters in Berlin bei Professor Dr. Ferdinand Sauerbruch, bei welchem auch mein Großvater mütterlicherseits, Dr. Feridun Şevket Evrensel, seine chirurgischen Kenntnisse vertiefte. Solche und ähnliche Erinnerungen banden uns von Anfang an fester aneinander.
Bevor wir uns kennenlernten, hatte ich schon eines seiner Werke mit dem Titel «Die Leidenschaft der Neugierde» sowie einige Rezensionen seiner Gedichte gelesen. Seinem bewundernden Freund schrieb er später folgende Widmung in den Gedichtband:

Für Vedat
Herzlich zugedacht
Cyrus Atabay
München, 27. 2. 89

Diese Zeilen irritierten mich insofern, als er im persönlichen Umgang mit mir viel herzlicher war, als sie in ihrer Knappheit vermuten lassen. Ein «Dilrübâ» erwartet schon blumigere und nicht so formell geschriebene Widmungen! Bald merkte ich jedoch, daß dies ein Teil seiner komplizierten Persönlichkeit war. Von manchen Bekannten «Gräfin Jammertal» tituliert, schien Cyrus allzeit, überall und über alles zu klagen. Bei mir jedoch nie! War es vielleicht unserem Altersunterschied zuzuschreiben – er war gleichaltrig mit meiner Mutter – oder war es Rücksicht gegenüber der Empfindsamkeit eines befreundeten Künstlers? Dies konnte ich nicht ergründen. Auf jeden Fall wollte er seinen «Dilrübâ» mit gesundheitlichen Problemen nicht belasten. Was offensichtlich wurde, war eine große Freude, die er mir gegenüber jahrelang bei jeder Begegnung an den Tag legte.

Obwohl er immer Interesse für meine musikalische Laufbahn bekundete, haben wir fast ausschließlich über Literatur diskutiert. Er wunderte sich über meine «Lesewut» und offenbarte mir, daß er täglich höchstens zwei Stunden lang konzentriert lesen könne. Als unser gemeinsamer Freund Herr von Rhamm mir den «Mann ohne Eigenschaften» von Musil verehrte, nannte Cyrus dieses Werk eine «Lebenslektüre».
Eines Tages nahm ich ihn zu einer hochgebildeten Ärztin mit mäzenatischen Ambitionen, meiner lieben Freundin Dr. Luitgard Wiest, mit. Nach dem köstlichen Abendessen blätterte er in einer alten, originalen Jonathan-Swift-Gesamtausgabe und fand sofort einige sehr geistreiche Aperçus, die er mit bewundernswerter Akkuratesse ins Deutsche übersetzte. Da sah man, daß er alles, was er tat, zu perfektionieren versuchte. Seine Dichterlesung im Salon von Frau Dr. Wiest werde ich stets in besonderer Erinnerung behalten. Die einzige Ehrung von Cyrus, der ich beiwohnen durfte, war die Verleihung des Chamisso-Preises an ihn.
Bei aller Bescheidenheit verließ ihn nie seine distinguierte Attitüde. Eigentlich war er nur bei größeren Gesellschaften äußerst zurückhaltend, fast beschämt. Bei ihm zu Hause habe ich oft einen ganz anderen Eindruck von ihm gehabt. Manchmal kennzeichnete ihn auch eine unter dem Deckmantel einer gewissen Naivität versteckte Spitzfindigkeit: Er wollte mir z. B. unbedingt einen typisch englischen Anzug mit Nadelstreifen schenken, den er zwar in London von einem der besten Herrenausstatter erstanden, jedoch kaum getragen hatte, da er ihm zu eng war. Schon die Jacke wollte mir nicht passen; sie war nämlich um einige Nummern zu groß. Aber ich mußte trotzdem auch die Hose anprobieren! In seiner Einbildungskraft paßte mir der Anzug wie angegossen, bis auf die Länge der Hose. Als ich dankend ablehnte, schien er ziemlich beleidigt zu sein.
Cyrus lud mich des öftern zu einem frugalen Essen ein, das meistens aus je einer Scheibe Brot und Salami bestand. Was mich immer wieder erstaunte, war jedoch seine silberne Schokoladendose, die immer nur zwei kleine Pralinen enthielt, aber nie drei oder gar noch mehr!

Cyrus, der Vorsichtige, ja Ängstliche, der nichts vertrug, dem nichts bekam, ging manchmal mit mir in eine Kneipe in der Innenstadt, wo er seinem Status als Wahlmünchener gerecht werden zu wollen schien. Vielleicht vertrug er auch nur Bier, und das auch nur in meiner Begleitung?
Es wäre vermessen, einen bedeutenden Dichter aufgrund des Kontroversen in seinem Charakter beurteilen zu wollen. Erinnerungen aus verschiedenen Blickwinkeln helfen uns eher, einen Künstler als Menschen mit all seinen Facetten besser zu verstehen. In diesem Sinne gedenke ich meines Freundes Cyrus in Dankbarkeit für die mir erwiesene Liebe und Freundschaft.

Cyrus – nicht von dieser Welt

Er war bereits ein Dichter von Rang, als ich seinen Werken begegnete. Damals bemühten sich viele Leute darum, ihn kennenzulernen, und oft waren es die falschen, die ihn gar nicht interessieren konnten. Ihn umgab die romantische Aura eines persischen Prinzen, der auch noch gute Lyrik schrieb, und darüber hinaus jene eines Neffen des Schah, der damals noch prunkvoll Hof hielt. An seiner hohen Abkunft und an der «kaiserlichen Hoheit» lag ihm wenig. Er war zu sensibel, zu bescheiden und zu klug und letztlich auch zu sehr von einer anderen Welt, um dieses Kapital einzusetzen und zu nutzen.

Seine Dichtkunst haben Berufenere gewürdigt, so bleibt mir, von der Zeit zu berichten, die uns bis zu seinem Tod blieb, um eine Freundschaft zu beginnen und zu pflegen, und über die Eindrücke, die ich von seiner Person und von seinem Wesen bekam.

Viele Jahre waren wir sicherlich oft auf größeren Veranstaltungen aneinander vorbeigegangen. Wir trafen uns dann bei einer gemeinsamen Freundin, die zusammen mit ihrem Gatten erlesene Soiréen gibt. Cyrus und ich trafen fast gleichzeitig ein, schälten unsere Blumen aus den Papierhüllen, und die Gastgeberin empfing uns – strahlend, schön und elegant – und machte uns miteinander bekannt.

Was uns sofort verband, war gewiß nicht der «Coup de foudre» oder irgendein oberflächliches Interesse an Name oder Profession. Es muß eine Art Seelenverwandtschaft gewesen sein.

Es war ein glanzvoller Abend in einem schönen, festlich geschmückten Ambiente, die Bewirtung war hervorragend, die Gäste anregend und angeregt, eine prickelnde Stimmung erfüllte den Raum. Cyrus war der einzige, der das alles offenbar nicht genoß und der verdrießlich war.

Ich fuhr ihn nach Hause, denn er hatte mir gestanden, daß er kein Auto besäße. Danach rief er mich fast täglich an, erkundigte sich stets formell, ob er störe, was zum Glück nie der Fall war, und dann hatten wir sehr lange Gespräche.
Seine Stimme klang stets müde, und fast immer fühlte er sich aus irgendeinem Grunde körperlich nicht wohl, kränklich oder krank. Seine Stimmung war meist gedrückt, und in Bezug auf größere Unternehmungen äußerte er nur noch Wünsche: «Ich würde gern wieder einmal verreisen, nach Sils Maria oder nach Italien, oder auch nach London. Aber es ist so mühsam. Ich brauche jedes Mal ein Visum, und ich ertrage es nicht, mich in den Konsulaten anzustellen.» Die Reisen fanden nie mehr statt.
Betroffen von dieser unwürdigen Situation seines Emigrantentums und auf Abhilfe sinnend, riet ich ihm, was sicher viele Freunde schon längst geraten hatten, nämlich sich um die deutsche Staatsbürgerschaft zu bemühen, die man ihm als verdientem Dichter und Mitglied der Bayerischen Akademie der Schönen Künste sicher nicht abschlagen würde. Er sah die Notwendigkeit ein und unternahm nichts.
Da ich ihn sehr geachtet und geschätzt habe, wage ich es, über diese eine Seite seines Menschseins zu berichten, die meiner Meinung nach sein Leben ausgehöhlt hat und ihn schließlich – viel zu früh für seine Freunde und Bewunderer – eigentlich «an nichts» hat sterben lassen.
Ein Großteil seiner Identität war die seiner Sendung als Dichter. Das Feuer dieser Begeisterung und die Befriedigung über die Arbeit mag ihn lange beflügelt haben, gegen Ende seines Lebens war es jedoch erloschen. Das machte ihn müde, energielos und verdrossen und hochempfänglich für vorbeischwirrende Krankheiten. Er fühlte sich einsam und verloren in dieser Welt. Diese Not mußte man erspüren, er teilte sie nicht direkt mit. Es mangelte ihm nicht an Menschen, die bereit waren, auch schwere Stunden mit ihm zu teilen. Aber er fühlte sich oft außerstande, auch ihm liebe Menschen zu treffen. Dann zog er sich zurück, litt allein und konnte oft Einladungen und schlichte Verabredungen

nicht einhalten. Ich hatte den Eindruck, daß die Nähe via Telefongespräch für ihn schon eine Grenze war, eine Gelegenheit, ein wenig Kraft zu schöpfen, während wirkliche Präsenz ihn erschöpfte.
Er stellte sich nie in den Vordergrund und wollte nie Mittelpunkt einer Gesellschaft sein. Ich habe ihn auch nie als eitel empfunden. Vielleicht hätte ein Schuß gesunder, vitaler Eitelkeit genügt, ihm seine Vision des Dichters und damit die Lebensmotivation zu erhalten.
Was meine Person betraf, war er sehr einfühlsam und zartfühlend. Immer war er es, der Treffen vorschlug, bei ihm, bei mir, zum Kino, zu Ausstellungseröffnungen und zu Lesungen. Dabei hatte ich immer den Eindruck, daß er sich an meiner ironischen, oft auch sarkastischen und gelegentlich resignierten Lebens- und Weltsicht erfrischte und daß er meine Gegenwart sichtlich genoß. Auch mir tat es gut, so zart umworben und so fein behandelt zu werden. Oft wollte ich ihm vorschlagen, mit mir in ein gutes Restaurant zu gehen und einmal üppig den Speisen und dem Wein zuzusprechen, aber diese Aufforderung kam nie über meine Lippen – ich wußte, daß schon ein so kleiner Exzeß ihn überfordern würde.
Über andere konnte er – oft ungerechterweise – sehr gnadenlose Beurteilungen abgeben. Ich war viel neugieriger auf ihn als mitteilsam über mich, aber er machte es mir relativ schwer, zu dem Kern seines Wesens vorzudringen. Anfänglich dachte ich, der mangelnde Drang nach Selbstanalyse und Selbstdarstellung sei ein Charakteristikum späterer Jahre. Heute denke ich, es war seine Crux, die ihn schon früh in die Traumgefilde der Kunst entführt hatte, ihn andererseits aber am wirklichen Leben vorbeiträumen oder darüber hinweggleiten ließ.
Ich glaube, er hat sich nie gesund egoistisch mit sich selbst beschäftigt, nie seine Stärken, seine Wünsche, auch seine Nöte und Schwächen ausgelotet, nie lauthals Bedürfnisse angemeldet und auf deren Erfüllung bestanden.
Die Interaktion «Kunst ist Leben – Leben ist Kunst» hat er sicher nie hergestellt.

Wie viele Perser feiner Abkunft wurde er nach Deutschland geschickt, um dort die Schule zu besuchen und zu studieren. Als ich ihn zum ersten Mal besuchte in seiner großen Schwabinger Altbauwohnung, dachte ich, zumindest einen kleinen Pfauensessel vorzufinden, einen mit Leopardenfell bespannten Schemel, die Wände gespickt mit persischen Miniaturen und überall üppige Goldstickereien, da er mir erzählt hatte, er sammle Textilien. Meine naiven Vorstellungen erhielten gerechterweise einen gewaltigen Dämpfer durch die Realität. Cyrus lebte wie ein europäischer Intellektueller, nicht wie ein europäischer Träumer sich einen orientalischen Dichter vorstellt, vielleicht gerade, weil er ein Orientale war.

Einige Dinge in der hauptsächlich mit Büchern vollgestopften Wohnung erinnerten an seine orientalische Abkunft, und seine Textilsammlung bestand weitgehend aus Ikats. Stolz breitete er sie vor mir aus, legte sie über Sessel, Sofas, Kommoden und schließlich, da es sehr viele waren, auch auf den Fußboden. Er war sichtlich beglückt über meine Freude an den schönen, intensiven Farben, und schließlich tranken wir auf den feinen Tüchern Tee. Er bewirtete mich rührend und so hilflos, daß mir klar wurde, daß er Gastlichkeit in seinen eigenen Räumen schon lange nicht mehr gepflegt hatte.

Zu meinem Leidwesen sprachen wir nie über seine eigene Dichtung, Versuche meinerseits dazu lenkte er geschickt um. Er war ganz fasziniert davon, in meiner Bibliothek viele orientalische Klassiker – natürlich nur in deutscher Übersetzung – vorzufinden, empfahl mir die besten Übersetzungen und lehrte mich, die Dichternamen korrekt auszusprechen. Richtig lebendig wurde er jedoch nur, wenn wir über «das Leben», die Absurditäten, Zufälle, Illusionen, Trug- und Traumbilder, die Hilflosigkeit und Nichtigkeit des menschlichen Daseins sprachen.

Das Klischee vom persischen Prinzen hat er den Außenstehenden, die Äußerlichkeiten von ihm erwarteten, nicht erfüllt. Es gab keine Prunkkarossen, keine auffallende Entourage, keine spektakulären Auftritte in der schillernden großen Welt, die die Reporter der Regenbogenpresse angezogen hätten, keine Skandale. Sein

Titel «kaiserliche Hoheit» war jedoch auf andere Art angemessen. Die Beschäftigung mit den schönen Künsten wurde oft von sensiblen Aristokraten gepflegt. Schon im 11. Jahrhundert gab es in Japan am Kaiserhof zu Kyoto Romane schreibende Hofdamen. Nero war als Dichter wohl nicht ernst zu nehmen. Aber der letzte byzantinische Kaiser war ein noch heute bei Kennern geschätzter Verfasser von Epigrammen, der leider politisch nicht das gleiche Talent aufwies.

Große Regierungsgeschäfte oder diplomatische Interventionen wurden Cyrus nie angeboten – er hätte solche Ansinnen auch sicher abgelehnt. In seinen Genen war wohl nichts vom tollkühnen Krieger- oder Eroberergeist, von den putschistischen Machtgelüsten seiner Vorfahren zum Durchbruch gekommen, auch nichts von deren Prunk- und Genußsucht.

Als ich informiert wurde, daß er aufgrund einer zuerst als harmlos eingeschätzten Grippe, die zur Lungenentzündung geführt hatte, nun im Koma auf der Intensivstation lag, ging ich sofort hin. Ich fürchtete mich nicht vor dem berüchtigten Klinikvirus und dachte an Cyrus' Leid, an seine Einsamkeit, seine Handlungsunwilligkeit und sein Getrenntsein. Ich setzte mich auf einen kleinen Hocker neben ihn, ließ erst einmal den Schock bei mir abklingen und sammelte mich. Dann sprach ich leise mit ihm, ich bin sicher, daß er mich gehört und auch verstanden hat, denn seine Lider und seine Lippen zuckten. Erst nannte ich ihn bei seinem Namen, sagte, wer ich bin und daß ich ihn an der Hand berühren würde, um ihm Kraft zu geben, daß ich wenig sprechen würde, um ihn nicht anzustrengen, aber ich sei die ganze Zeit über in Gedanken bei ihm. Neben ihm lag ein älterer Mann mit balkanischem Aussehen, auch er im Koma. Bei ihm tauchte lautlos eine Gruppe von Männern und Frauen auf in den grünen sterilen Besucherkitteln, Menschen aus seiner Familie, seiner Sippe. Sie begannen von allen Seiten, ihn sanft zu berühren und zu streicheln.

In seinen letzten Lebensjahren war es wohl diese Welt, die nicht mehr erreichbar war, die Cyrus' Sehnen war und die er gern mit der Zwischenwelt der Kunst und des Intellekts vertauscht hätte.

Ich beugte mich nahe an sein Ohr und flüsterte ihm zu: «Cyrus, wenn Du in dieser Welt bleiben willst, wenn es für Dich noch Freuden gibt, die Du gern erleben würdest, wenn Du noch unerledigte Aufgaben hast, dann kannst Du zurückkommen. Zurückkommen zu Deinen Freunden, die Dich empfangen. Wenn Du aber gehen willst, dann kannst Du auch diese Maschinen überlisten und Dich einfach davonmachen.»

Noch lange Zeit blieb ich bei ihm sitzen, sah dann, wie der Grieche neben ihm die Augen aufschlug und lächelte. Als ich das nächste Mal kam, war er nicht mehr da, und die Schwester sagte mir, er sei wieder auf die normale Station verlegt worden und werde sicher wieder gesund.

Die Auskünfte, die ich von der behandelnden Ärztin über Cyrus bekam, waren nicht so positiv. «Er hat ein starkes Herz, das hält viel aus, sonst wäre er schon lange tot.» Ich fragte, ob es sein könne, daß ich bemerkt habe, daß er Schmerzen habe. «Ja, diese Reaktionen können sein.» Ich bat, ihm Schmerzmittel zu geben, und wartete, bis er eine neue Infusion mit den Mitteln bekommen hatte. Dann fragte ich, wie sein Zustand wäre, wenn er aus dem Koma zurückkehren würde. Ich erhielt deprimierende Auskünfte.

Ich besuchte ihn noch einige Male, saß schweigend an seinem Bett, kündigte ihm nur mein Kommen und Gehen an.

Die Beisetzungsfeierlichkeiten, die ihm seine Freunde L.W. und W. R. beschert haben, hätten sogar ihm gefallen. Die weihevolle Feier in der Aussegnungshalle und am Grab war eine anrührende Würdigung durch Freunde und Freunde seiner Dichtkunst. Sie zeigte, daß all die bewegten Menschen, die gekommen waren, um ihn ehrenvoll aus dieser Welt zu entlassen, sich ihm verbunden fühlten und es auch bleiben würden.

Die Pracht der üppigen Blumenarrangements in feinsten Farbnuancen hätte kein orientalischer Fürst übertreffen können.

Diesen Beitrag möchte ich als Dank an Cyrus verstehen, Dank für die Zuneigung, die Gefühle und die Freundschaft. Ich glaube, er hat mir mehr gegeben als ich ihm.

Nach Messina

Noch einmal aufbrechen
auf einem Segel-Frachtschiff
als einziger Passagier,
ein anderer Kolumbus,
unterwegs zu unserem Rand der Erde!
Halbblind vom Alter,
halbblind von der Gischt –
die Augen bewahren die Schätze
am Rande der Erde.

Aus: Stadtplan von Samarkand, 1983.

Merkmalminiaturen

Offenbar ein Ehrengast der Stille,
einer, der sich vor Wolken verbeugt,
einer, nach dem sich die Kirchenmaus umdreht.

Im Herbst 56 lud Atabay mich erstmals zu sich ein. Ich fand ihn in einem Gartenhaus am Rand Münchens, mich überraschte die deutsche Behaglichkeit, in der sein geringer Besitz verschwand. Es gab ein Kastenbett, alt, aus Holz, und gewöhnliche deutsche Hauspantoffeln. Die Pantoffeln tauchten wieder auf in Berlin, im Hotel am Steinplatz, und einmal mehr aus Zufall im Bahnhof Zoo. Atabay stand dort mit kleinem Gepäck und wollte nach London. Wir hatten Zeit. Auf einem Stehbiertisch öffnete er den Koffer, er enthielt Manuskripte und die Pantoffeln. Abschriften neuer Gedichte kamen zum Vorschein, ich las sie, und wir sprachen darüber, umgeben von Sonnenbrillen aus Ost und West. Er schob das Manuskript unter die Pantoffeln und fuhr nach London, ich fuhr mit der S-Bahn nach Ostberlin.

*

Wir assen zur Nacht in einem Gartenlokal. Alles ging gut, bis der Kellner die Suppe brachte. Er war etwas fettbefleckt und abgemüht, etwas bitter und alt, ein hinkender Slawe, der das Lokal allein bediente. Atabay krakeelte mit dünner Stimme: Mann, wo bleiben Sie denn, was tun Sie hier überhaupt, nehmen Sie den Daumen aus der Suppe, und so weiter. Der Kellner stellte den Teller hin und sagte (mit trauriger Höflichkeit, die ich kaum ertrug): Aber – ich verstehe Sie nicht, mein Herr, was meinen Sie denn – sehen Sie den Daumen? Er hielt uns den Daumen über die Tischecke hin. Sehen Sie? Trocken. War nicht in der Suppe. Atabay, nicht beeindruckt, lästerte weiter. Da er nicht zu bewegen war, den Mund zu halten, sagte ich zu dem Kellner, mein Freund hier habe zuviel gute Laune, er wolle sie loswerden, wisse aber nicht wie. Und zu Atabay: Noch ein Wort, und du bist allein. Er krähte weiter, und ich liess ihn sitzen, stand auf, ging fort.

Ein anderes Mal, wir sassen bei Freunden im Wagen, kritisierte er den Chauffeur so hemmungslos, dass der mit der Faust nach hinten schlug, den Wagen stoppte und flüsterte: Raus! Wie immer in solchen Fällen (sie häuften sich) verliess Atabay sein Fettnäpfchen folgsam und prompt, sprang auf die Verkehrsinsel einer leeren Kreuzung im bayrischen Hinterland, blieb dort stehen und sah dem Wagen nach, bewegungslos, eine dünne Gestalt. Nach ein paar Tagen kam er lächelnd wieder, und man trug ihm nichts nach. Als Günter Bruno Fuchs ihn kennenlernte, im Karpatenstübl in Halensee, führte Atabay ein paar Szenen auf, beklopfte den dicken Bauch seines neuen Bekannten, umschwärmte ihn laut – *ist er nicht herrlich, ein punktueller Mensch* –, sprang dann plötzlich auf und verliess das Lokal. Fuchs, gottloser Gottesnarr, das Kind, das des Kaisers neue Kleider erkannte, blieb lange stumm vor dem vollen Glas und sagte: *Der is janz anders als ik. Würde ik nie jejen polemisiern.*

In Atabays Prosa-Suite «Worte finden» stehen die Sätze: «Mit einfachen Leuten verstand ich mich, Postbeamten, Handwerkern, Taxichauffeuren, redete und trank mit ihnen, Argot, Dialekt und Mutterwitz, das waren meine bevorzugten Niederungen, das Lächeln eines Kohlenmannes, der mir von seinem Lastwagen zuwinkte, konnte mich wieder flottmachen.»

In seinem Gedicht «Umrisse einer Luftspiegelung» steht der Satz «Ich handle aus eurer Erfahrung.»

*

Die Schriftzeichen der Gedichte unseres Freundes
(den wir in Lenggries besuchten),
geschrieben mit der Tinte des Atropins,
leuchtend durch verschlossene Türen.

Im September 57 besuchten wir, unangemeldet, Günter Eich und Ilse Aichinger in Lenggries. Ihre Nachsicht ermöglichte ein Kennenlernen, das auch Cyrus Atabay nicht vergass. Wohlbefinden, sehr aufmerksame Gespräche, bis der Gast seine Gastgeber zu traktieren begann – *ist er nicht herrlich, Herr Eich, ein berühmter Dichter* – und darauf bestand, Gedichte von ihm zu hören. Günter Eich hatte keine Lust zu lesen, Ilse Aichinger ging gereizt aus dem Raum. Mein Versuch, seine Launen in Grenzen zu halten, der Hinweis Eichs, er habe nur wenig geschrieben, machten keinen Eindruck auf Atabay. Er bedrängte und schmeichelte, Eich gab nach und las mit verlangsamter Stimme, kühl und klar, das zuletzt entstandene Gedicht «Die Herkunft der Wahrheit». Atabay sprang auf, begeisterte sich und lobte, nahm aber Anstoss an dem Wort «Pervitin». *Wie können Sie so ein hässliches Wort gebrauchen. Sie misshandeln das eigene Gedicht!*

Einsichten aus Pervitin,
zum Abflug gesammelt mit den Schwalben.
Fort, fort in den Abend und übers Gebirge!

Zurückhaltend, mehr belustigt als irritiert, erläuterte Günter Eich die Wirkung von Pervitin. Atabay beruhigte sich und hörte zu, schien etwas zu erfahren, das ihn betraf. Danach wurde Whisky getrunken und erzählt, man fuhr erst am Abend nach München zurück.
Atabay sprach von beiden immer wieder, betonte Einverständnis, zitierte Gedichte.

*

Der junge Dichter unterschätzte Menschen, besass wenig Menschenkenntnis, erlebte sich selbst, amüsierte sich auf Kosten anderer, griff Leute an, die das nicht verdienten. Er konnte

Äolisches Material, in memoriam Cyrus Atabay
Bleistiftzeichnung von Christoph Meckel, November 1996

erstaunlich instinktlos sein. Davon wurde erzählt, davon kann ich sprechen, denn er änderte sich im Lauf der Zeit, unmerklich, langsam, verwandelte sich in den «Ehrengast der Stille» (dem Wort Verwandlung hätte er zugestimmt). Mit dem Älterwerden kam die Bescheidenheit, er wurde ruhiger, erschien souverän, seine Klugheit glänzte ohne die vorlaute Art. Frivolität und Eitelkeit blieben gedämpft, er konnte sehr liebenswert sein, tolerant und offen, aus dem Lebensgefühl geformter Distance.

Er erweckte den Eindruck, ohne Umgebung zu sein, tauchte auf und verschwand allein, schien immer allein. Ich bemerkte bald, daß er seine Freunde getrennt hielt, in verschiedenen Zwischenräumen der Biografie, in gespielter oder notwendiger Camouflage (er spielte mit Freundschaften, aber verspielte sie nicht). Es kann sein, dass fast jeder, der ihn kannte, eine andere Erscheinung als Ebenbild festhielt. Dichtung war für ihn eine «World in the World», er nahm das Wort «Dichter» als Tatsache für sich in Anspruch. Das Ungewöhnliche war nicht die Bezeichnung «Dichter», sondern dass er einer war.

*

Seine politische Ansicht betraf – im Gespräch, im Gedicht – fast ausschliesslich Persien, die Entwicklungen im Iran, die er durchschaute, als Aristokrat und Staatsverächter verneinte. Von deutschen Verhältnissen war kaum die Rede. Er schien genug davon erfahren zu haben, in den Ortswechseln seiner Jugend, als Staatenloser, und zog es vor, sie zu ignorieren. Er liess nichts dergleichen an sich heran und verkörperte die – problematische – Unangreifbarkeit dessen, der sich selbst genügt.

*

Kennt man einen Menschen, dem man nicht folgen kann in die andere Sprache? Man folgt ihm, mit gutem Willen und etwas Talent, in Ideologie oder Religion, in die Privatheit und in den Traum, in Beruf und Handwerk, Hoffnung, Sorge, weit hinaus in eine gemeinsame Sprache, aber nicht in eine, die man nicht kennt. «Die Auswirkung persischer Dichtung auf Atabay», welcher Deutsche beurteilt das. Gab es eine Nähe zur italienischen Elegie? Er hatte vor allem Ungaretti gelesen (von Einfluss kann aber keine Rede sein).

*

Hellhörig für Kuriosa der deutschen Sprache (die ihm zeitlebens zu entdecken blieb), für Metaphern, Schlagertexte, veralteten Wortschatz – Maulschelle, Schalk, einen Türken bauen, jede Menge Barcelona, ins Hungertuch beissen. Während eines Spaziergangs nachts in Charlottenburg entdeckte er «Kasperl», das Wort und den Namen, entzückte sich für die Silbe «Perl» und lief, im Gespräch mit der Silbe und mir, immer wieder um den Savignyplatz. Sein Wünschelrutengeist trug die Schätze zusammen, sie tauchten verwendet-verwandelt in Versen auf.

*

Mit der Armseligkeit
ist kein Staat zu machen,
doch auch sie will ihr Recht,
will bei uns sitzen,
ratlos und beklagenswert.
Nicht gerade eine Gesellschaft
die unserer würdig wäre.
Auch kann man nicht sagen,
wie man da hineingerät.
Der Clown soll weinen,
weinen soll er bitterlich.

Seine Poesie – der Unzugehörigkeit, des Verborgenseins – gibt nichts Tragisches zu erkennen, zeigt gelassenes Einverständnis, Tristesse und Spleen, Gleichmass aus Selbstgenuss und Melancholie, dargeboten als Wohlklang, in heller Diktion. Zu schöne und seichte Empfindungen, scheint mir, finden Halt in prosaischer Intonation, ein Minimum Nüchternheit festigt den weichen Ton. Wohllaut, vermischt mit Glasstaub und Wermut, er sprach von seinem «Bedürfnis nach Harmonie». Sein Gedicht sollte keine Botschaft vermitteln. Poesie, ein «Gebilde», das Wort gefiel ihm, «in der Zone der Unschärfe, die ihr Wesen ist».

*

Immer mal wieder rief er an – ob es richtig sei, nach Berlin zu kommen, richtig oder falsch, in München zu bleiben, winterüber in London oder Berlin zu leben, oder erst im Frühjahr nach London, danach auf Reisen. Unfroh, nur locker befestigt am Ort, in der Zeit.

*

Er hatte Zeit wie kein anderer, den ich kenne, verfügte sein Leben lang über Mittel, die ihm sorglose Gegenwart erlaubten. Zeithaben war Voraussetzung seines Daseins, er verbrauchte sie für sich und seine Interessen, Privatgelehrter der Dichtung und Philosophie, Flaneur, Ästhet und ein Leser, den man sich wünscht. Er liess sich selbst und den Büchern Zeit, schrieb Kritik und Querverweis an den Rand der Seite, war gern mit Buch & Bleistift unterwegs. Er wusste viel von persischer, jüdischer Mystik und sprach davon mit einfachen Sätzen, in gleicher Weise von Meditation. Als ich kein Geld hatte, Bücher zu kaufen, schickte er eigene, die er für wichtig hielt, ich las seine Anmerkung und ergänzte sie. Sein Englisch war perfekt, er sprach ohne Akzent, schwärmte für Wallace Stevens, den keiner hier kannte, und zitierte Keats und Shakespeare im Original. Ich widersprach, wenn der Schwarmgeist ihn forttrug, und er meinte lachend, du nimmst das zu ernst. Ich gab ihm mein Buch «Die Balladen des Thomas Balkan», er sagte, es sei das Buch eines langen Abschieds. Abschied wovon? Und Atabay: Nun – von der Welt, wie sie war. Was er sagte, traf zu. Seine kritische Hellsicht überraschte, wenn er die Sache für möglich hielt.

*

Ein paar Wochen lang trafen wir uns täglich, in Bars und Bierlokalen am Kurfürstendamm, an Nachmittagen, in eisgrauer Dämmerung, man sass am Tresen und blickte in den Verkehr. Er

liebte diesen Moment wie ich, illustrierte ihn mit Zitaten aus Auden und Benn.
In diesem Winter hatte er sich verliebt. Ich traf einen Menschen, der verändert war, nachdenklich, zögernd, empfänglich für Sympathie, voll Humor und Charme. Er sprach vorbehaltlos, wie mir schien, und mit Ironie, von privaten Belangen und was das sei, exaltierte in Hoffnung und Illusion, ermattete schnell in Melancholie. Er liebte einen sehr jungen Studenten, der Atabays Zustand nicht wahrnahm, nicht wahrnehmen konnte, da er selbst eine reiche Erbin liebte, die in Mexico oder Columbien verschwunden war. Atabay bat mich mehrmals, ihn zu begleiten, und vielleicht war der Ahnungslose erstaunt, zwei Poeten öfter als möglich bei sich zu sehen.
Dann war Atabay aus Berlin verschwunden, über Nacht, kein *á dieu*.

*

Am Tag des Jüngsten Gerichts
wird man dich armen Teufel fragen:
Kanntest du je einen Gerechten
oder närrischen Weisen?
Und wenn du die Frage bejahst
wird der Erlass lauten:
Wir vergeben dir um seinetwillen.

Cyrus und die Eremiten

Es war Christa Reinig, die Cyrus 1980 zu uns «schickte». Auf der Suche nach einem neuen Verlag nahm er von London aus Kontakt zu uns auf. Das war der Beginn einer wunderbaren Freundschaft: er paßte zu uns und wir zu ihm, und wir waren begeistert von seinen Texten, aus denen der erste Band entstand, «Die Leidenschaft der Neugierde» (1981).

Es folgten dreizehn weitere Bücher, bis auf seine gesammelte Prosa «Leise Revolten» allesamt Erstausgaben. Verglichen mit seinen Anfangsjahren war Cyrus, der ständig mit seiner angeblich nachlassenden Schaffenskraft kokettierte, sich in Widmungen gar als «bankrotter Dichter» bezeichnete, in den fünfzehn Eremiten-Jahren enorm produktiv. Nach unserem ersten Buch gab es übrigens leise Kritik vom Meister; das Format sei zu klein («Wie ein Taschenbuch!») und keine Bilder! Daraufhin wurde für das zweite Opus «Stadtplan von Samarkand» (1983) ein Format mit fabelhaften Proportionen erdacht (22,7 x 14 cm) und kein Geringerer als der Maler Winfred Gaul mit der «Bebilderung» beauftragt. Seitdem nennen wir dieses Format nur noch das «Atabay-Format», und Gaul hat zu vier weiteren Büchern von Cyrus wunderschöne Bilder gemacht.

Winfred Gaul und seine Frau Barbara, mit denen wir seit Jahren gut befreundet sind, wurden Cyrus' Freunde bis zu seinem Tod. Während seiner Besuche bei uns gab es auch fast immer eine Verabredung bei den Gauls (Atelierbesichtigung, privates Essen).

Für seine Übertragungen aus dem Persischen/Arabischen fanden wir vom ersten Band an (Omar Chajjam) einen ähnlich idealen Partner, Josua Reichert, der zu unserer großen Freude und aus Freundschaft zu Cyrus auch die Graphik zum letzten Buch geschaffen hat. Es handelt sich um einen zweiten Band mit

Gedichten von Dschalal ed-din Rumi mit dem Titel «Ich sprach zur Nacht».
Es muß an Cyrus gelegen haben, daß uns seine Bücher immer besonders gut gelungen sind. Er wußte sehr viel über Malerei und Kunst und war ein Ästhet, bei dem sich Klugheit und Charme in idealer Weise verbanden. Für ihn ein Buch zu gestalten, hat mich jedesmal aufs neue beflügelt.
Er blieb meistens eine Woche in Düsseldorf, «seine» Wohnung (die separate Gästewohnung in der dritten Etage unseres Hauses) stand bereit für ihn, er konnte kommen und gehen, wie's beliebte (und wie er es liebte). Wenn wir arbeiten mußten, ging Monsieur flanieren. Alle Mahlzeiten wurden gemeinsam eingenommen, die Abende bis zum Schlummertrunk gemeinsam verbracht. Und wenn Cyrus uns nicht jedesmal in wirklich tolle, sehenswerte Filme geschleppt hätte (er war ja ein Film-Freak), wüßte ich schon seit Jahren nicht mehr, wie ein Kino von innen aussieht. Wir konnten mit ihm so herzhaft lachen und bis zur äußersten Ausgelassenheit herumalbern, wie es Menschen, die ihn nur flüchtig kannten, kaum geglaubt hätten. Cyrus, Friedolin und ich hatten viele Pläne, zum Beispiel «im Alter» ein altes Haus im Süden Frankreichs zu kaufen (es gibt lediglich eine kleine Eremiten-Klause zwischen Sète und Béziers am Mittelmeer). Friedolin sagte nach der Nachricht von Cyrus' Tod zu mir: «... und ich hatte mir so gewünscht, daß Cyrus uns noch ein Stück weiter begleiten würde...»
Überglücklich war Cyrus beim Erscheinen des Prosa-Bandes «Leise Revolten» und schrieb mir, «übrigens ist diese Sammlung von Prosastücken doch recht aufschlussreich und durchaus ein Pendant zu den Gedichten. Mein Wortschatz hat einige sehr artikulierte Komponenten, das Wort *Gaukler* z. B. nimmt eine prominente Stellung ein, darum wird es einmal durch ein Synonym wie *saltimbanques* (in: «Das Weggehen») kaschiert. ... Irgendwo ist der Autor C. A. abgestürzt wie Ikarus, aber er hatte doch immerhin eine erstaunliche Höhe erklommen...»

Briefe an seine Verleger von der Eremiten-Presse. Eine Auswahl von Jens Olsson

Lieber Herr Hülsmanns, z. Z. München, 22.5.80
lieber Herr Reske,
von London aus rief ich Sie in den letzten Wochen mehrfach an, ohne Sie zu erreichen. Jetzt, in diesen Tagen in München, ermunterte mich die wunderbare Christa Reinig wieder, Kontakt mit Ihnen aufzunehmen. Endlich sprach ich mit Herrn Hülsmanns; plötzlich hatte ich den Eindruck, als hätte mein Schiff wieder einen Kapitän... (Auszug)

Lieber Herr Hülsmanns, London, den 29.5.80
vielen Dank für Ihren Brief vom 24. Mai. Ich freue mich, daß Sie meine Gedichte drucken wollen. Die Eremiten-Presse ist ein wetterfestes Obdach und die Nachbarschaft ist gut. (Auszug)

Der erste Band «Die Leidenschaft der Neugierde» erscheint im Frühjahr 1981; am 2. Mai 1981 stirbt Dieter Hülsmanns.

Lieber Friedolin, London, den 19.3.82
das Haus in 8, Alexander Square ist verkauft! Am 11. Juni werde ich die Hausschlüssel dem neuen Eigentümer übergeben. Noch bin ich die Bürde nicht los, ich muss den «Hausstand» auflösen. Der Teil des Inventars, der meiner Bekannten gehört, wurde ihr zugeschickt; allerdings weiss ich nicht, ob sie mir nicht noch mit Forderungen kommt – weiss der Geier, was in den Weibern vor sich geht!
Meine Bücher und Habseligkeiten werde ich in Aufbewahrung geben müssen, denn die Wohnung in München wird bis zu dem

erwähnten Zeitpunkt nicht fertig sein; die Bauarbeiten wurden durch den Winter verzögert. Wann ich dort einziehen kann, weiss ich nicht, frühestens wohl im September. Ich bitte Dich, mir ab Juni keine Post mehr an meine Londoner Adresse zu senden; den Sommer werde ich wahrscheinlich in Deutschland oder Griechenland verbringen. Ich halte Dich auf dem laufenden …
Die drei Gedichte, die ich hier beifüge, möchte ich den anderen Gedichten meines neuen Buches ergänzen, es wäre eine Überraschung, wenn seine Konturen im Herbst sichtbar würden …
Jetzt weisst Du um meine neue Position; ich habe meine Flughöhe verlassen und befinde mich im Anflug auf ein schönes Niemandsland …
Herzlichst, Dein Cyrus

Die legendären Habseligkeiten von Cyrus lagern mehrere Jahre bei einer Spedition in London und werden mindestens einmal im Jahr (via Düsseldorf) von ihm inspiziert. Erst in seine letzte Wohnung in München holt er die Möbel, Teppiche, Bücher, etc., zurück.

Lieber Friedolin, London, den 22.11.82
was hat dieser staatenlose Perser für Staub aufgewirbelt, aber mit welcher Vehemenz hast Du diesen Staub in Schwung gebracht! Dank für Deinen Brief an den Oberbürgermeister und all die anderen; solche Leute (in Behörden) fallen ja nicht gleich vom Stuhl, man muss schon ein paar Registerlein spielen lassen …
Das mit der Geduld ist eine heikle Sache. Es spricht nicht gerade für mich, dass ich meine Ungeduld so gut zu kaschieren weiss, denn ich bin der ungeduldigste Mensch!
Du siehst, dieser frommen Geduld ist nicht zu trauen, wie man überhaupt noch einmal überprüfen sollte, ob dieser displaced person eine Aufenthaltserlaubnis gewährt werden sollte …
Ich erinnere mich, dass Du in diesen Tagen Geburtstag hattest und schicke Dir hier ein Scherflein, das Du zu weiteren Zwecken verwenden kannst.
Herzlichst, Dein Cyrus

Atabay will 1982 nach München ziehen, aber die Deutsche Botschaft in London lehnt sein Gesuch ohne Begründung mit einem Formbrief ab. Friedolin Reske wendet sich daraufhin an das Bundesministerium des Inneren, den Oberbürgermeister und das Kulturreferat der Stadt München, das Bayerische Staatsministerium des Inneren und weist auf die Besonderheit des Falles hin. Zuständig ist freilich immer jemand anders. Erst als er die überregionale Presse informiert und «Der Prinz von Persien. Ein deutscher Fall» (M. R.-R. in der F.A.Z.) publiziert wird, erhält Atabay nach Monaten die gewünschte Aufenthaltserlaubnis.

Lieber Friedolin, London, den 7.12.82

vielen Dank für Deinen ausführlichen Brief vom 4. Dezember. Wie schade, dass ich Dich nicht in das Atelier von W.G. (d.i. Winfred Gaul) begleiten konnte!
Um es Dir gleich zu sagen: über diese Arbeiten kann man meditieren, sie heissen den Akt des Schauens willkommen ohne ihn an Weiterführung zu hindern…
Die chromatischen Werte in der ersten Zeichnung sind besonders subtil, die Konfrontationen der Farbe überraschend. (Nur manchmal scheint W.G. noch ein wenig der Gefahr zu unterliegen, in vorgefundene Muster zurückzufallen.)
Frage W.G., ob er Vittorio Matino kennt, ein junger italienischer Maler, mit dem er manches gemeinsam hat.
Also denn, den Anker gelichtet; überbringe W.G. meine herzlichsten Grüsse und meinen Dank für seine Zusammenarbeit.
In der SZ war eine respektvolle Besprechung der Erzählung von Kurt Mautz. Bitte schicke mir dieses Buch.
Apropos Durststrecken: Mein Trinkschälchen ist so gross wie das eines Sperlings!
Ich schicke Dir die Zeichnungen sogleich zurück, darum schliesse ich hier.
In Freundschaft
Dein Cyrus

Mein lieber Jens, München, den 23.5.83

Dank Dir für Deine Zeilen vom 9. Mai, geschrieben um 15.30 Uhr. Ich habe inzwischen die Fahnen korrigiert, so gut ich konnte; bitte berücksichtige auch das Zitat von Leonardo.

Lieber Jens, der gemeinsame Tag mit Dir, Friedolin und Winfred war schön; ich lebe nur für solche Tage mit Freundesgesprächen...

Deine Aufmerksamkeit hat mich manchmal erstaunt, die Eremiten-Presse braucht solche Wachsamkeit.

Gestern besuchte ich Horst Bienek in seinem Haus in Ottobrunn. Er packte sein «Innenleben» vor mir aus wie ein Kind, das aus einem Köfferchen sein Spielzeug auskramt und übermütig die ausgebreiteten Sachen vorzeigt. Wieviel kaputtes und angeschlagenes Zeug – das wäre seine wahre Geschichte, über die zu schreiben er noch nicht den Mut fand.

Ich fragte ihn, wie er denn mich als Betrachter objektiv sieht; er sagte, ich sei für ihn Ahasver, eine Sternschnuppe...

Er, der mich für die Akademie vorgeschlagen hat, in die ich ja nun gewählt wurde, sagte mir zuletzt noch, wie lange ich mein «Kunstgewerbe» weiter machen wolle, er finde, ich «verkaufte mich zu billig», ich solle doch einmal einen Zyklus von 50 Gedichten schreiben oder eine «grössere Sache» machen, usw. Nun, ich will sehen, ob ich für Euch einmal eine «grössere Sache» zustande bringe.

Dieses München liegt mir jetzt schon im Magen. Freilich, ein sonniger Tag im Englischen Garten ist vergnüglich wie ein Volksfest. Dort zog ich mir, dem Beispiel der Münchner folgend, vor drei Tagen meine Klamotten aus. Valentin hätte nackt, bis auf die verseichte Unterhose, nicht lächerlicher ausgesehen als ich. Aber solche Tage sind in München gezählt, meistens fällt ein «saurer Regen» über diese Stadt, und ich frage mich, ob mich dieser Niederschlag nicht auf die Dauer versauern würde...

Immerhin bin ich diese Woche noch hier, zu erreichen unter dieser Nummer: 28 53 24.

Ich bitte Euch, meine Post zu behalten bis meine neue Adresse feststeht; Briefe an mich sollten an die Eremiten-Presse gerichtet werden.

Seid recht herzlich gegrüßt von
Eurem
Cyrus

Lieber Jens, Athen, den 3.8.84

nach einem Winter der produktivsten Konzentration (deren Produkt der «Prospero» ist) folgte ein angespannter Frühling und jetzt ein Sommer der totalen Auflösung. Die Arbeit am «Prospero», auf 80 Gedichte angelegt, liess mich inzwischen nicht los, hier sende ich Dir die abschliessende «Kadenz». Der Zyklus soll, wie ich Dir angedeutet hatte, ohne Interpunktion gedruckt werden (wie diese Gedichte als Beispiel zeigen). Es sind poetologische und ziemlich nuancenreiche Gründe, die mich zu diesem Schritt auffordern und durchaus nicht nur logisch begründbar.
Meine Reisespesen übertreffen natürlich die Don Quichottes, auch wenn ich diesmal mit einem verbilligten Ticket fliege. Deshalb werde ich erst Anfang September in München sein; sollten meine lieben Verleger irgendwelche Klagen haben, sind sie an diese Adresse in Athen zu richten:

C.A., c/o

Sehr viele Wünsche begleiten dieses trockene Schreiben, Sommerwünsche für Euch, so viele wie der Granatapfel Körner hat...
Herzlichst,
Dein Cyrus

Lieber Jens, lieber Friedolin, Athen, den 18.8.84

Dank für Eure Einladung zum Doppel-Jubiläum; ich wäre so gern dabei gewesen, zumal ich schon einige Feste bei Euch versäumt habe. Ich werde meinen 55. hier verbringen, meine alten Freunde wollen ihrer Gastlichkeit die Krone aufsetzen... Meinem lieben Friedolin danke ich für die Mühe, die er sich mit dem «Prospero» gemacht hat; dass er gedruckt werden soll, ist hinreichend Bestätigung, aber ich hätte so gern von Euch ein Wort der Zustimmung gehört...
Die Aussicht, Euch im Herbst zu sehen, wird mir die Kraft geben, mich in diesem Winter mit meinen «legendären» Habseligkeiten in München zu etablieren.
Eine Devise für die Eremiten-Presse:

Ein Buch machen ist, neben
allem Genie des Inhalts, eine
besondere Kunst.

Alexander von Villers

Herzlichst,
Euer Cyrus

Lieber Friedolin, lieber Jens, Athen, den 6.9.84

noch ein letzter Gruss aus Griechenland.

Dank für Eure Geburtstagswünsche – es wird kein Fest geben, meiner Gastgeberin wurde in den letzten Wochen arg mitgespielt: ein Schizophrener, wie man so sagt, war plötzlich aus der Vergangenheit aufgetaucht, der sie einerseits beschützen wollte, andererseits ihr Leben bedrohte; er behauptete, ihre Mutter hätte ein Verhältnis mit ihrem Mann (der 84 Jahre alt ist), er würde sie endlich aus diesem Kerker befreien: vor der Haustür stand ein rotes Kinderrad, mit dem er sie entführen wollte. Die Polizei musste kommen, der arme Mann wurde abgeführt, später wieder in eine Anstalt eingeliefert...

Ist das nun die Realität, die Friedolin in meinen Gedichten vermisst?

Zum «Prospero» möchte ich noch folgendes bemerken: ich habe versucht, meine Themen (persische Mystik, Chassidismus, Autobiographisches) noch einmal in einem Gedicht zusammenzufassen. Das intertextuelle Element ist durchaus methodisch: also eine Durchdringung von Literatur und Leben.

Allerdings: meine ganze Dichtung ist ja Utopie, Aus-Flucht, im kruden Sinne Lüge; so gesehen bin ich kein Realist, sondern ein Träumer.

Werde ich jemals den «anderen Mut» haben (denn weiss Gott, auch zur Utopie gehört Mut), mein «grosses Unglück» zu beschreiben? Z. B. meinen Franz in seinen Bundhosen?

Herzlichst,
Euer Cyrus

Lieber Friedolin, München, den 27.9.84
dies soll also unser fünftes Buch werden, ich kann Dir nicht sagen, wie glücklich ich mich schätze, bei Euch ein «zu Hause» gefunden zu haben. Du hast den «Prospero» nach meiner Handschrift sozusagen nachgeschrieben: fühlst Du Dich nicht fast wie ein Mitautor?
Das 10. Gedichtbuch, eine Bilanz, ein Vermächtnis beinahe.

(Auszug)

Lieber Friedolin, München, den 8.10.84
eine wichtige Korrektur möchte ich Dich bitten, jetzt schon vorzunehmen:
in dem Gedicht «Aus den Angeln» (Aus dem Nachlass Prosperos) sind die ersten drei Zeilen zu streichen. Dafür heisst es jetzt:

Unverdrossener Alter
der nicht zu Rande kommt
mit dem Treibsand
hast du nicht einmal...

Ferner soll ein Zitat auf dem Vorsatzblatt des Nachlasses stehen:

Mi alimento es todas las cosas.
Jorge Luis Borges

Diese Dinge liessen mich gestern Nacht nicht los und ich wollte es Dir gleich schreiben.
Liebe Grüsse Jens und Dir
Cyrus

Lieber Friedolin, lieber Jens, München, den 14.1.86
als vor einigen Tagen ein grosses Kuvert von mir aus dem Briefkasten gezerrt wurde, rutschte mir das Herz in die Hosen: so schlecht bin ich «beieinand», nämlich mit den Nerven. «Des gibt's doch net», murmelte ich, «meine Kritzeleien retour». Meine Last konnte ich dann auf den armen Wolfgang Martin* abwälzen.

Warum druckt eigentlich Friedolin meine Gedichte? Er liest sie wahrscheinlich so, sagte ich mir, wie man eine Fata Morgana sieht: dem Anblick nicht trauend, andererseits übt die Erscheinung eine gewisse Faszination aus. Vielleicht bin ich für meinen Verleger (dachte ich weiter) so etwas wie ein Einhorn: das ist eine anachronistische Spezies, aber man kann vielleicht für das letzte lebende Exemplar ein Freigehege einrichten:

> Zwar war es nicht. Doch weil sie's liebten,
> ward ein reines Tier.

Der Arbeitstitel der Sammlung gefällt mir nicht recht; da Du schon Kleist zitierst, könnte man als Titel einen Satz aus dem Prinzen von Homburg wählen:

> Ein Traum, was sonst

Es wäre schön, wenn Josua Reichert das Buch mit seinen Arbeiten ergänzen könnte; ein Pendant zum Chajjam.
Paris war ein Rausch. Auch viel Traurigkeit, weil meine persischen Freunde, die dort leben, einer Vergangenheit angehören, zu der die Brücken abgebrochen sind...

(Die 10 Gedichte, die ich schon früher erwähnte, sind als Epilog zu der Sammlung gedacht; ich schicke sie hier mit.)

In alter Verbundenheit
Euer Cyrus

* Es war nicht das Manuskript von Cyrus, sondern ein dickes Werk des Wolfgang Martin, das wir auf Empfehlung des Meisters gelesen, und, wie verabredet, an Cyrus' Adresse zurückgeschickt hatten.

Lieber Jens, München, den 11.7.86
lieber Friedolin,
hier das korrigierte Manuskript; ich bitte Euch, es noch einmal zu überprüfen. Auf die Zitate (auch Pasolini) kann ich nicht verzichten, sie sind Orientierungszeichen, Bojen für den Leser... Auch wäre ich dankbar für eine Neufassung der biographischen

Notiz im Buch (die Eremiten-Presse kann ohne Schmus «geboren als persischer Prinz» usw. auskommen).
Mit ehrerbietigem Gruss
Euer Cyrus

Die Gedichte erscheinen im Herbst 1986; Titel: «Die Linien des Lebens». Graphik: Winfred Gaul.

Mein lieber Friedolin, München, 29.12.88
ich hatte keine Ahnung, dass meine paar Zeilen eine solche Lawine bei Deinem bösen Computer auslösen könnten! Wie stehe ich nun da, doch wie ein begossener Pudel! Allerdings geschieht es dem Autor recht, dass er in seinem Wolkenkuckucksheim einmal mit Fakten konfrontiert wird. Meine Frage, recht unbekümmert die Gegebenheiten überspringend, war eher als Ansporn an meine Verleger gerichtet, denn in irgendeiner schlaflosen Nacht fühlte ich mich plötzlich von Euch im Stich gelassen.
Im Hinblick auf eine Sammlung meiner Prosastücke wäre zu sagen, dass allenfalls nur eine Auswahl in Betracht käme; diese sollte dann auch Prosa aus dem Band «An diesem Tage lasen wir keine Zeile mehr», sowie «Samarkand» berücksichtigen.
Wie gern würde ich Dir einen schönen Lebenslauf vorlegen! Aber mit meiner Biographie habe ich grosse Schwierigkeiten, sie erscheint mir abstrus; ich kann die Geschichte eines «Ungeliebten», der auf traumatische Erfahrungen in seiner Entwicklung zurückblickt, einfach nicht objektivieren! Nein, ich habe noch nicht die Freiheit, um von dieser Verworrenheit nicht schwindlig zu werden.
Als Alternative zu dem vorgeschlagenen Prosaband könnte ich Dir noch ein Manuskript mit etwa 40 unveröffentlichten Gedichten und Skizzen und einige wirklich herrliche Seiten Übersetzungen anbieten; das Ganze mit dem Arbeitstitel «Ein Traum, was sonst».
Vielleicht sollten wir Anfang Februar, unsere Narrenmasken tragend, uns (in Düsseldorf) zusammensetzen und einen neuen Ata-

Cyrus Atabay im verschneiten Eremiten-Garten, November 1985
(Jens Olsson, Archiv Eremiten-Presse)

bay erfinden! Dir und Jens alle guten Wünsche für das neue Jahr und Dank
Dein Cyrus

Von den angesprochenen Projekten werden realisiert der Gedichtband «Puschkiniana» («Ein Traum, was sonst» wurde nie ein Buchtitel) im Herbst 1990, Graphik: Ulrich Erben, und die von Cyrus so herbeigesehnte Prosasammlung «Leise Revolten», Graphik: Winfred Gaul, bei deren Erscheinen im Herbst 1992 folgendes Telegramm bei uns eintrifft:

lieber jens, München '92 Sep 15 11:41
was fuer ein schoenes buch.
mit soviel sorgfalt gemacht.
ich bin ueberwaeltigt.
dank, tausend dank, euer exzellenz.
cyrus

Mein lieber Friedolin, München, 13.6.88
hab' Dank für Deinen Brief vom 30. Mai.
Anfang Juni war ich einige Tage in Saulgau, bei einem Klabautermann von einem Landsmann, der sowohl ein Teppichmuseum als auch eine Galerie führt; eben kein gewöhnlicher «Teppichhändler», denn er hat immerhin schon Santomaso und andere ausgestellt. Später fuhr ich mit ihm nach St. Gallen, wo ich Franz Larese und Jürg Janett kennenlernte, die den Erker Verlag leiten. Ionesco war auch da, der gerade eine neue Serie von Lithographien entwarf; wir verbrachten einen schönen Abend zusammen. Dein Aufenthalt in Cap d'Agde war ja wohl nur ein Appetithäppchen, und es ist anzunehmen, dass der maritime Hauptgang später erfolgt.
Im Hinblick auf Deine Chancen bist Du eher skeptisch, während aus einer anderen Distanz gesehen (so der meinen) Deine Schicksalslinie schon klar vorgezeichnet erscheint...
Bitte grüsse Meister Jens und Elsa recht herzlich und sei umarmt von Deinem
Cyrus

Lieber Friedolin, lieber Jens, München, 26.6.94

in einem späten Gedicht Hölderlins (Mnemosyne) heisst es einmal:

Ins Ungebundene gehet eine Sehnsucht.
Vieles ist aber zu behalten. Und not
tut die Treue.

In diesem Zeichen steht diese kleine Sammlung von Gedichten: die verlorenen Paradiese sind die fiktiven, die uns nähren ... und deren Bauplan in Prosa aufzuzeichnen ich noch im Verzug bin ...
Um Nachsicht bittend
Euer Cyrus

Lieber Meister Jens, München, 10.3.95

recht schönen Dank für die bunten Flugblätter; die Erzählung der Highsmith habe ich noch nicht gelesen, freue mich auf die Lektüre. Wenn man das Gesicht dieser Frau betrachtet oder die späten Gedichte Krolows liest (die gerade erschienen sind), kriegt man richtig Bammel vor dem Altern. Aber der physische Verfall ist im grunde uninteressant, was bleibt, ist der Kommentar, mit dem wir unsere Nostalgie des Glücks begleiten ...
Sei herzlichst gegrüsst, der Besuch bei Euch soll nicht vergessen sein.
Dein Cyrus

Liebe Freunde, München, 1.7.95

hier ist meine neue Übertragung, Euch zu Füssen gelegt. Ich habe Euch ja in den letzten Jahren so «orientalisiert», dass Ihr von einem neuen Rumi vielleicht sogar begeistert wäret. Fast rechne ich damit und wäre für ein baldiges Zeichen der Zustimmung oder verlegerischer Panik dankbar.
Die mildesten und schwerelosesten Sommerabende Euch wünschend ...
Euer Cyrus

Friedolin Reske schreibt am 6. Juli 95 an Cyrus zurück und versucht ein letztes Mal, wie wir beide so häufig in den vergangenen fast fünfzehn Jahren, ihn zu einer größeren, autobiographischen Arbeit zu bewegen:
Lieber Cyrus,
Dank, Dank, Dank für alle Wohlthaten, die Du uns zu Füßen legst ...
... Eigentlich gefallen mir diese Vierzeiler fast besser als die erste Sammlung von Rumi. Wir könnten «Ich sprach zur Nacht» (welch ein schöner Titel!) im nächsten Frühjahr bringen. Aber was machen Deine autobiographischen Fragmente, auf die wir schon so lange warten? Ich weiß: ... *but Cyrus is a honorable man.* (Auszug)

Lieber Friedolin, München, 10.7.95
Dein Brief vom 6. Juli war wirklich eine Wohltat, die ich gerade jetzt so nötig habe. So viel ich weiss, wählte ich für die Übersetzung die einfachsten Wörter, die einfachste Diktion; nur keine Rhetorik, nur keine Lügen!
Übrigens: *honorable man* nur insoweit man sein Verfehlen eingesteht.
Eher bin ich wie Pontormo ein uomo fantastico e solitario ... «er kletterte in sein dürftiges Atelier auf einer Leiter, die er anschliessend einzog» (Träume von Epheben, an denen sein Herz hing).
Mein Herz hängt an Euch
Euer Cyrus

Der Band von Rumi «Ich sprach zur Nacht» erscheint 1996 zur Buchmesse in Frankfurt und ist das vierzehnte und letzte Buch mit Cyrus.

Eine letzte Postkarte, geschrieben nach einem Besuch der Hamburger Kunsthalle:

Lieber Jens, Hamburg, 15.8.95
365 schöne Morgen und glückhafte Tage in Deinem neuen Lebensjahr. Ich habe alle Taue gekappt und treibe steuerlos durch St. Georg, Meister Bertram ruft mir aus der Ferne zu:
Annuncio vobis gaudium magnum ...
Sei herzlich gegrüsst,
Cyrus

Cyrus Atabay

Wann genau ich Cyrus kennengelernt habe, weiß ich nicht mehr. Wir trafen uns, glaube ich, Mitte der 50er Jahre zum ersten Mal. Damals lebten wir nicht weit entfernt voneinander in Teheran. Obwohl unsere Familien verwandt sind, Cyrus' Mutter und mein Vater waren Vetter und Cousine, hatten wir keine familiären Kontakte. Dies ist jedoch eine andere Geschichte.

In den letzten 40 Jahren trafen wir uns an verschiedenen Orten und Kontinenten. Meist sprach Cyrus von finanziellen Problemen, und Einladungen von mir folgte oft der Satz: «Aber ich hab' doch kein Geld!»
Bei diesen Treffen fiel mir oft seine genaue Beobachtungsgabe auf. Gefiel ihm eine Person, versuchte er auf sehr zuvorkommende Weise, diese kennenzulernen, doch schien seine Begeisterung nur von kurzer Dauer, und schnell begann er sich zu langweilen.
Er war kein Mann der Gesellschaft. Ich glaube, er hatte keine Geduld für die Nebensächlichkeiten, obwohl er alle Sparten der Gesellschaft kannte.
Seine Verwandtschaft zum Schah gab ihm, glaube ich, das Gefühl, etwas Besonderes zu sein, und er wollte auch so behandelt werden. Jedoch prahlte er nie mit seiner Abstammung.
Als wir uns einmal im Marmorsaal des Kaiserlichen Hofes trafen, fragte mich Cyrus: «Glaubst du, es gibt hier Menschen, die uns mögen oder gerne sehen?» Dieser Satz zeigt, so glaube ich, viel über seine Beziehung zum Hof, einerseits moralisch und finanziell abhängig, andererseits das starke Gefühl, vernachlässigt zu werden und nicht gerne gesehen zu sein.

Cyrus mußte schon als Kind seinen Weg alleine finden, doch wurde er auf seinem Weg von seinen besten Freunden, den

Büchern, begleitet. Eine große Stütze für ihn war nach meiner Ansicht der persische Dichter Hafís, dessen Texte er später auch ins Deutsche übersetzte. Für mich war Cyrus ein Träumer, der sich in anderen Sphären bewegte und dadurch auch oft Probleme hatte, die Realität zu bewältigen. Seine starke künstlerische Begabung wurde leider nie unterstützt, weder vom Hof noch von seiner Familie. Er kannte keine familiäre Geborgenheit, und ihm fehlte, glaube ich, die emotionale Zuwendung seiner Mutter.

Ich erinnere mich an einen Besuch von Cyrus' Mutter, als sie 1962 eine Woche bei mir in München, in Begleitung eines jungen Mannes, verbrachte. Wann immer ich mich nach Cyrus erkundigte, lehnte sie es ab, über ihn zu sprechen, und schien nach einiger Zeit sogar verärgert. Hamdam Fahmeh war keine natürliche Schönheit, doch liebte sie es, sich mit Prunk und Farben zu schmücken. Oft kam es in dieser Woche zu Meinungsverschiedenheiten zwischen uns, da mir ihre Freizügigkeit ihrem Begleiter gegenüber zutiefst zuwider war. Doch bemerkte ich auch bei Cyrus' Mutter das gestörte Verhältnis zum kaiserlichen Hof. Sie weigerte sich z. B., an der Rezeption des Hotels ihren kaiserlichen Paß abzugeben. Es schien ihr peinlich, da sie wußte, mit welchem Aufwand ihre Halbgeschwister überall auf der Welt empfangen wurden. Auch Hamdam empfand diese tiefe Gespaltenheit zwischen Stolz und verletzten Gefühlen in Bezug auf ihre Verwandtschaft zum Hof.

Vielleicht war gerade dieses Gefühl das einzige, was Cyrus und seine Mutter gemeinsam hatten.

Obwohl Cyrus schon als Kind viel Zeit in Europa verbracht hatte, blieb ihm seine starke Verbindung zur iranischen Kultur stets erhalten. Der Respekt und die Wertschätzung, die er andererseits der europäischen Kultur entgegenbrachte, führten meiner Meinung nach zu diesem großen Wissen. Er war auch jederzeit bereit, von anderen Kulturen zu lernen, und genoß die schönen Dinge dieser Welt.

Anfang der 90er Jahre traf ich Cyrus häufiger in München. Wir besuchten zahlreiche Ausstellungen, und manchmal habe ich ihn zu literarischen Lesungen begleitet.

Aufgrund seiner ausgeprägten Sensibilität für die Kunst und seines großen Verständnisses war er immer und überall gerne gesehen. Doch hatte er Schwierigkeiten, wenn ihm nicht die ganze Aufmerksamkeit zuteil wurde. Manchmal bemerkte ich sein Unbehagen, wenn Leute Interesse an meiner Person zeigten. Ich glaubte, er verband dies mit einer Zeit in seiner Kindheit, als er sehr unter der Vernachlässigung und Lieblosigkeit gelitten haben muß. Bei unserem vorletzten Treffen erzählte Cyrus mir, daß seine Mutter gestorben sei. Ich bekundete mein Beileid, doch seine Antwort darauf zeigte mir, wie sehr Cyrus von seiner Mutter enttäuscht worden ist.

Ich verbrachte gerne Zeit mit Cyrus, und auch er, so glaube ich, genoß unsere Treffen, da ich seine Geschichte von Kindheit an gut verstehen konnte, auch wenn er sich mir nie ganz geöffnet hat und sich, glaube ich, wohler fühlte, wenn er seine wahren Gefühle nicht zeigen mußte.
In seinen Werken stecken jedoch all die Emotionen, mit denen er in der Realität oft Schwierigkeiten hatte.

Es war für mich eine Bereicherung, Cyrus gekannt und Zeit mit ihm verbracht zu haben.

Unterricht

Unterrichtet von der Löwin,
sich an eine Gazelle anzuschleichen,
tagelang, manchmal Jahre
derselben Beute zu folgen,
behutsam im Steppengras
sich Stück um Stück vorzuschieben,
und wenn ein unvorsichtiger Schritt
alles verpatzt hat,
sich ohne Mißmut
einen neuen Widerstand zu suchen.

Aus: Doppelte Wahrheit, 1969.

cyrus

ich sage cyrus, obwohl wir uns zeitlebens siezten. ich sage es auch deshalb, weil wir uns bei der ersten begegnung in einem schwabinger café hauptsächlich über unsere beiden schönen und bedeutenden vornamen unterhielten und nicht, wie man meinen könnte, über das buch mit den rubaijat von omar chajjam, welches er bei der eremiten-presse veröffentlichen wollte, und das ich illustrieren sollte. immerhin war das der grund unserer zusammenkunft.

als wir dann doch auf das buch zu sprechen kamen, machten ihn meine erläuterungen unruhig, fast unsicher. er dachte wohl an die herkömmliche art der illustration, wie sie maler und zeichner im allgemeinen für bücher machen.

ich zeigte ihm ein stück von einer scheußlichen tapete, welche ich erworben hatte. das muster bestand aus rosen, und weil es mit mindestens zwölf farben gedruckt war, leuchtete es übermäßig bunt, trotz der harten darstellung. diese hatte mich ermutigt, das stück zu kaufen, um es zu traktieren, bis es zu meiner typographie paßte, falls man das verstehen kann. er sah ratlos auf diesen bunten fleck, der nun auf dem caféhaustisch lag, dann sah er mich an.

ich begann, ihm zu erklären, was ich mit der tapete vorhatte: zuerst muß man sie fotokopieren, damit alles bunte schwarz wird, anschließend schneidet man weg, was man nicht haben will. von dieser vorlage macht der drucker einen film, von diesem film eine druckplatte, dann druckt er das motiv in *einer* farbe.

ich zog wie ein taschenspieler ein stück rötlich-gelben papiers aus dem ärmel, das sei der farbton. er wendete ein, die blume des

omar sei die tulpe, die rose sei die des hafis. ich fuhr fort: diese orangefarbenen rosen sind der untergrund für die rubaijat, welche ich ausgesucht hatte. sie sollen persisch gedruckt werden. und weil sie so klein sind, mache ich ein rähmchen um jedes gedicht. und weil sie keine überschriften haben, setze ich oben drüber die vier reimbuchstaben; man kann daran das reimschema erkennen: a a b a oder a a a a. wie das werden sollte, hatte ich bereits im kopf, weshalb ich ihn bat, die auswahl mir zu überlassen. er stimmte zu.
wir verabschiedeten uns, jeder war mit dem anderen zufrieden.
ciao, cyrus.

ps. wegen der drei noch folgenden bücher, die wir zusammen mit den eremiten gemacht haben, trafen wir uns nicht mehr, wohl aber gelegentlich in der stadt oder auf veranstaltungen. er hatte mich verstanden.

Begegnungen mit Cyrus

Seinen Namen hielt ich zunächst für ein Pseudonym. Als wir uns dann kennenlernten, haben wir über diese meine Vermutung viel gelacht. Jahre später lernten wir uns aufs Neue kennen. Da war er für mich ein ganz anderer. Er war nicht mehr der Schwabinger Kollege, sondern eine historische Persönlichkeit. Unsere Gespräche waren ernst und streiften weltgeschichtliche Themen. Durch ihn veranlaßt, beschäftigte ich mich mit der klassischen persischen Dichtung. Es erschloß sich mir das poetische Phänomen Cyrus Atabay, wie er auf dem Hintergrund dieser einzigartigen Tradition zum Glücksfall für die deutsche Literatur werden konnte.

Cyrus Atabay erzählt eine Fabel: «Der verscherzte Trank». Zwei Abgesandte erscheinen vor Alexander dem Großen. Der Böse führt ihm einen Bären vor, den er durch schwerste Mißhandlungen unterworfen hat. Der Gute geleitet einen Löwen, den er durch Sanftmut und Freundlichkeit zum Freund gewonnen hat. Alexander und hinter ihm die westlichen Eroberer bis heute folgen dem bösen Abgesandten. Mir scheint, daß Cyrus dem guten Abgesandten folgte. Er ging den umgekehrten Weg, als er der deutschen Poesie neue Maßstäbe setzte, indem er Persisches und Abendländisches transzendierte. In seinem Gedicht «Die Linien des Lebens» heißt es:

> Auf einem andern Weg
> sollst du wandern
> ein Lebenszeichen markiert den veränderten Kurs
> die grünen Ufer der Oise
> zwei Schiffe zwillingsgleich
> nur die Rümpfe andersfarben

segeln traumgelenkt dahin
Nun schmiegt sich der Luchs
wieder zärtlich an deine Seite
der Löwe gibt dir sein Geleit
nicht mehr fürchtet sich die Wölfin vor dir.

Seine Gedichte sind nicht nur schön und formvollendet, sie sind auch weise. Manch eines ist mir zum Vademecum geworden, zum Beispiel dies:

Es gibt Geister
die dir zu deinem Glück
verhelfen
indem sie dich anblicken
sie leihen dir
die Ehrengewänder des Beruhigtseins
wenn du ratlos bist.

Cyrus Atabay
Persischer Prinz und deutscher Dichter –
Wanderer und Eremit

EPITAPH

Ehebrecherisches Gemisch von Allem:
Reichtum ohne einen Groschen,
Energie und keine Kraft,
Freiheit, doch verstaucht.
Viel Herz, viel Herz! Doch Seele, kaum –
Freunde, aber nicht Kumpane.
Einfallsreich und keine Ahnung,
Liebe, aber ohne Liebste,
Trägheit, aber keine Ruh.
Tugend lag ihm nicht,
Ungestillt blasierte Seele.
Tot, doch vom Leben nicht kuriert,
Ungelegener Lebenspfuscher,
Auf dem Trockenen sitzend
Und trunken der Kopf,
Hoffend und die Zukunft leugnend,
Starb er auf sein Leben wartend
Und lebte wartend auf den Tod.

Aus: Das Auftauchen an einem anderen Ort, Gedichte von Cyrus Atabay, Frankfurt am Main 1977.

Am 29. November 1994 lasen Schriftsteller in der Bayerischen Akademie der Schönen Künste in der Münchner Residenz unter dem Titel «Meine Schatten von Dachau» Gedichte von Opfern der KZs. Auch Cyrus Atabay wollte mit seiner Stimme die Toten ehren. Er fehlte. Tags darauf entschuldigte er dies am Telefon mit einer lästigen Bronchitis. Wir würden uns bald sehen, er hätte eine Überraschung, ein lang versprochenes Gedicht. Dann haben wir seine Stimme nie mehr gehört. Vor einem Besuch des bewußtlos im Heilkoma liegenden Cyrus hatten wir beide Angst. Am 2. Februar 1995 begleiteten wir den Sarg mit seinem Erdenrest auf dem Nordfriedhof zum Grab ganz nah vor unserem Familiengrab.
Eine kurze, eine tiefe Freundschaft, nein – sie ging nicht zu Grabe, wir haben nachher noch viele seiner Gedichte, seiner kurzen Prosa entdeckt oder von neuem gelesen, seine Übertragungen aus dem Persischen, postum die Gedichte von Dschalal ed-din Rumi unter dem Titel «Ich sprach zur Nacht», erschienen im Verlag Eremiten-Presse, wo das meiste von ihm auf die schönste, edelste Weise gedruckt vorliegt.

Welches Gedicht er mir, uns zugedacht hatte, werde ich wohl nicht mehr erfahren, das Gedicht «Epitaph» hat er sich als Grabinschrift gewünscht und uns, die ihn kannten, auf die feine, diskrete, ironische, ehrliche, wohl auch ernst-melancholische Art als ein *in memoriam C. A.* hinterlassen. Und doch erkenne ich in diesem Epitaph auch ein Stück von mir, ein Stück Seelenverwandtschaft.

«Junger Freund, betrachte diese Gedichte wie Spiegel. Denn du weißt, im Spiegel selbst ist kein Bild, sondern jeder, der hineinblickt, sieht darin sein eigenes Bild. So sollst du auch wissen, daß das Gedicht in sich selbst keinen Sinn hat und jeder in ihm sieht, was der Währung seiner Zeit und seiner eigenen Reife entspricht ...» Atabay beruft sich hier auf Einolghozat Hamadani, der um 1100 nach Christus gelebt hat. Aber auch in den Gedichten des Dschalal ed-din Rumi (1207-73) ist der Spiegel immer wieder Gleichnis, Hinweis und Warnung vor Selbsttäuschung. So

sehe auch ich mein Spiegelbild, wenn ich an ihn denke, ihn lese, über ihn schreibe. – Wir sind einander spät begegnet, gekannt hatten wir uns schon sehr lang. Ich hatte seine Gedichte für mich entdeckt, endlich ein Dichter unter soviel poetisierenden Schriftstellern, hatte ihn neben Paul Celan, Elias Canetti, E. M. Cioran gestellt, so verschieden sie waren, verband sie die Wortmagie und Bildmächtigkeit des Orients; er hatte meine Stimme im Radio entdeckt, weil ihr alle Sprecherschulung mangelte. Wir umarmten uns, als wir uns zum ersten Mal begegneten, stumm, brüderlich, zwei Wanderer mit verwandtem Ziel.
Wanderer erkennen einander ebenso wortlos wie Homos und Lesben, wie Juden, Zigeuner und Kinder. Wanderer, das war die erste, engste, tiefste Empathie, die ich empfand.

Lieber und lieber
wird mir die Wanderung
in deinen Bergen –
ganz allmählich
träume ich mich hinein
in die Spalten und Schründe
deiner Unwegsamkeit

So beginnt «Prosperos Tagebuch»: Und dorthinein schrieb er uns ein halbes Jahr vor seinem Ende die rätselhaften Zeilen: Die zerrissene Kette deiner Lebenszeit / auch sie war einmal aufgereiht / dem Himmel zur Freude / dem Himmel zur Trauer.

Er empfand sich als Wanderer, in der Stadt am liebsten mit dem Rad unterwegs, nirgendwo seßhaft, das Unstete war dem persischen Prinzen aus der Dynastie der Pahlewi in Teheran in die Wiege gelegt, Berliner Kindheit, Jahre in München, in London, oft – bis zum Sturz des Schah – im Iran, aus den vielen Sprachen, die er beherrschte, wählte er Deutsch für seine Dichtungen, er mochte das Land, die Menschen, so, wie ein Fremder eine Fremde lieben kann, erwog bis zuletzt einen Ortswechsel, bald nach Köln, bald nach Frankfurt, ohne die Gründe plausibel zu machen.

Abel contra Kain, der Jäger gegen den Bauern, der Unstete gegen den Seßhaften, der Bedrohte gegen den Gesicherten, der Vagant gegen den Besitzbürger? Nein, das wäre zuviel Ideologie für Cyrus Atabay. Es geht – und wir lesen es aus seinen Gedichten – nur um das Freisein, die Angst vor dem Nicht-frei-sein. Heimat, ob Persien, ob Deutschland, war ihm fremd. In seiner Heimatlosigkeit verstand er sich und die anderen, er war nachsichtig bis verständnislos gegenüber den Heimatbesessenen und fühlte sich geborgen bei denen, für die die Heimat in herrlicher Zukunft lag.

War er nicht für einen Wanderer zu zerbrechlich? Wenn ich an den Nazarener denke, an Laotse, Buddha oder Mohammed. Er sagt doch von sich: «Energie und keine Kraft». Aber es kommt gerade aufs erste an. – War er nicht für einen Eremiten zu anspruchsvoll? Er verzog sehr charmant die Miene, wenn es Sekt und kein Champagner war. Epitaph: «Ungestillt blasierte Seele». Aber auch: «Reichtum ohne einen Groschen». – Liebte er nicht doch die Geselligkeit? Nicht erst am Grab sah man die vielen Freundinnen und Freunde. Aber am liebsten war ihm doch der kleinste Kreis, das nikodemische Gespräch, die Zweisamkeit, das «selig wer sich vor der Welt», was ja persisch-goethisch ist. Epitaph: «Freunde, aber nicht Kumpane».

Gewiß hat Cyrus Atabay formschönere Gedichte geschrieben als eben dieses, das mir jetzt so nahe ist und nahe geht. Man kann in die beiden letzten Zeilen Resignation hineinlesen. Und doch – wenn ich ihn richtig gekannt, erkannt habe – finde ich darin die letzte Weisheit aller Weltreligionen, die christlich in der Totenpräfation lautet: Deinen Gläubigen, Herr, wird ja das Leben nicht genommen, sondern nur verwandelt – oder mit den Worten des Cyrus:

> «starb er auf sein Leben wartend/
> und lebte wartend auf den Tod».

Zwiesprache mit Rabbi Nachman

1

Komm und schau,
Denken ist der Anfang
aller Dinge.

2

Um im Kampfe zu bestehen,
dachte er an jedem Morgen:
nur dieser eine Tag
sei ihm noch gegeben.

3

Kundig des Flüsterns,
vernahm er die Gesänge der Kräuter,
die Rede des Feldes
ging ein in die seine.

4

Das Jenseits nahm er herüber
ins Diesseits,
ließ es in ihm walten,
sein größerer Teil war schon dort.

5

Gott hatte Verlangen
nach der Wildnis des Herzens
wie nach einer Oase,
die den Durst stillt.

6

Er wohnte in einem Haus,
dessen Fenster auf den Friedhof gingen,
das Haus des Lebens,
wie ihn die Juden nennen.

7

Nichts fällt ins Leere,
auch nicht die Worte
und die Stimme des Menschen.

Aus: Die Leidenschaft der Neugierde, 1981.

Prinz, Poet, Vagant

Bevor ich mich dem deutschen Dichter Cyrus Atabay zuwende, möchte ich ein Wort über den in Personalunion mit ihm verbundenen persischen Prinzen sagen. Als er 1929 geboren wurde, war die Dynastie, der er mit dem Titel Prinz und mit der Anrede Kaiserliche Hoheit angehörte, noch jung: vier Jahre alt. 1921 hatte der Kosakengeneral Reza Pahlewi geputscht und die Macht in Persien an sich gerissen, im Jahre 1925 hatte er sich selbst zum Schah ernannt. Seine Tochter heiratete einen persischen General und wurde die Mutter des kleinen Cyrus.

Dessen Name war ein Programm. Die neue Regierung der Reza-Dynastie nahm einen einschneidenden Kurswechsel vor. Sie verneinte und bekämpfte den Islam als un-persisch und griff auf das alte Groß- und Weltreich Persien zurück, das Kyros oder Cyrus aufgerichtet hatte. Dieser Enkel des Schah bekam den tönenden und vielversprechenden Namen Cyrus, wie später, 1960, der Sohn des zweiten Schah, des Mohammed Reza Pahlewi.

Dieser Rückgriff auf eine so ferne Vergangenheit war damals durchaus ein Rezept. Mussolini hatte das alte Rom aus der Kiste geholt, das schon seine gut zweitausend Jahre zählte. Das konnte Mohammed Reza, der zweite und, wie sich dann herausstellte, letzte Schah, noch mit einem weiteren Jahrtausend überbieten. In Persepolis wurde mit gewaltigem Aufwand das Dreitausend-Jahr-Jubiläum gefeiert. Auch Deutschland konnte sich der persischen Gunst erfreuen und umgekehrt. Der General, Cyrus' Vater, hatte in Berlin studiert, die Nazis boten sich als natürliche Bundesgenossen gegen die den Iran bedrängenden Großmächte England und Rußland an. Das wiederum machten sich die beiden Großnachbarn zunutze, um in den Iran einzurücken und ihn zwar nicht gerade zu annektieren, aber doch in eine englische und eine russische Interessensphäre einzuteilen.

Derlei war sicher mit im Spiel, als Vater Atabay beschloß, seinen siebenjährigen Sohn in seinem Berlin auf die Schule zu schicken, und so fand statt, was zwölf Jahre später Cyrus zum Dichter formte. Er hatte in Deutschland Deutschunterricht, gerade noch vor dem Zusammenbruch, und er studierte ein paar Jahre später, 1951, in München Germanistik.

Über diese höchst dramatische Berliner Zeit weiß man äußerst wenig. Wie ging es dem kleinen Prinzen unter den Nazis? Wie stand er zu ihnen? Das einzige, was mir als Kuriosum dazu einfällt, ist, daß ungefähr um die gleiche Zeit ein etwas älterer ausländischer Schüler auch in Berlin sein Dauerbündnis mit der deutschen Sprache schloß: Marcel Reich-Ranicki.

Was man aus allem weiteren vermuten darf, ist, daß der Knabe Cyrus keinen Spaß an Jungvolkmärschen, Fanfaren und stahlharten Charakteren hatte, sondern sich ganz im Gegenteil in die deutsche Dichtersprache verliebte, und zwar so gründlich, daß er ihr bis zu seinem Tode treu blieb. Als Mohammed Reza Pahlewi 1979/80 von den Mullahs vertrieben wurde, war es auch mit Cyrus' prinzlichem Sonderstatus aus, er versuchte London und Paris, er hätte nach Amerika gehen können, in die Nähe der Hofhaltung im Exil, aber er wählte genau den anderen Weg, ging 1983 in das vertraute Dichter-Asyl München zurück, quartierte sich, sozusagen standesgemäß als Dichter, nicht als Prinz, in Schwabing ein, schrieb Lyrik und kleine Prosa und wünschte nichts anderes, übersetzte Lyrik und Spruchweisheit aus dem Persischen, bekam den einen oder anderen Preis, wurde Mitglied der Münchner und der Darmstädter Akademie, nahm den strengen Status des Dichters wahr, den er so sorgfältig hütete wie andere Aristokraten ihren gesellschaftlichen. Er blieb ein Junggeselle, hatte genügend Freunde, um nicht einsam zu sein, hielt sie sich aber vom Leibe, denn auch die Gesellschaft interessierte ihn eigentlich nicht. Er war der seltene Fall des geborenen Dichters, dessen Habitus weltfern ist, wenn man unter Welt die Menschenwelt, *le monde,* versteht, der aber umso eindeutiger in der Welt zu Hause ist, die von den Sternen bis zu den Gräsern reicht. Ich zitiere ein Gedicht aus dem Band «Das Auftauchen an einem anderen Ort» (1977), das diese Ortsbestimmung klassisch bestätigt:

> Wie üblich vom Flugplatz abgeholt,
> wie üblich der Empfang,
> später das Abendessen beim Minister.
> Dann entfernte er sich heimlich
> während der Rede des Botschafters,
> er soll mit einem öffentlichen Transportmittel
> in einen Außenbezirk der Stadt
> gefahren sein.
> Offenbar ein Ehrengast der Stille,
> einer, der sich vor Wolken verbeugt,
> einer, nach dem sich die Kirchenmaus
> umdreht.

Ich will dieses Gedicht nicht interpretieren, sondern nur als Zeugen benennen. Da taucht, gleich mit Terminkalender, die Karriere auf, die das Mitglied der Schahfamilie nach der Rückkehr nach Persien und wieder nach der Verbannung hätte einschlagen können, Diplomatenhandwerk, Mittels- und Vertrauensmannsrollen. «Dann entfernte er sich heimlich» enthält das Entsetzen der Professionellen über den Abgefallenen, in mit Schaudern ausgesprochenen Worten wie «öffentliche Verkehrsmittel» und «Außenbezirk», wo man doch fliegt, und zwar von Zentrale zu Zentrale.
Das letzte Bild, die Kirchenmaus, verdient noch einen Hinweis. Ich fürchte, Kirchenmäuse gibt es in unseren gutgeputzten Kirchen nicht mehr. Die Kirchenmaus lebt nur noch in der Redensart «arm wie eine Kirchenmaus». Die Kirchenmaus dreht sich nach dem Entsprungenen um, weil er so arm ist wie sie.
Wenn wir Cyrus Atabay dezidiert einen Dichter nennen, so nicht deswegen, weil er Gedichte schreibt, in gebundener Rede, wie man früher sagte, sondern weil er aufs natürlichste die Rangordnung umdreht, die Wolken *vor* den Ministern und die Kirchenmäuse *vor* den Botschaftern.
Was nicht bedeutet, daß Freund Cyrus als armer Teufel auftrat, als Lumpenliebhaber und Bohemien. Seine Armut war mit Wür-

de gepaart, er verlangte Respekt und war gekränkt, wenn man ihn nicht nach den Regeln ausgesuchter Höflichkeit behandelte. Aber es war deutlich mehr Seine Lyrische Hoheit, die geehrt werden wollte, als Seine Kaiserliche. Als Dichter suchte er weder die Nähe der feierlichen Poeten im Stil Stefan Georges noch die der zynischen und schnippischen in der Art Gottfried Benns oder Bert Brechts, sondern die Selbstverständlichkeit einer bedachtsamen und getragenen Formulierungskunst, wie sie dem «poeta doctus», dem belesenen, in der Weltliteratur heimischen Dichter wohl ansteht. Er las die Besten, das *parlando* Shakespeares und Dantes gab ihm sein Maß, und er war wie wenige Deutsche zu Hause auch in der deutschen Literatur, im deutschen Sprachraum, in einem Vokabular, das ihm erlaubte, den Klabautermann oder den Wiedehopf auf die Bühne zu rufen, das ihm die Hölderlinworte «Die Linien des Lebens» als Titel bot, das alle Nuancen zur Verfügung stellte, die in Wörtern wie «begütigend» oder «abgedungen» Form annehmen. Das geschah ganz ohne Prätention. Er lebte in der Sprache und vollendete sich im Vers. Aus Ehrfurcht vor der Sprache mußten seine Gedichtbücher schön gedruckt sein, auf edlem und reichlich gespendetem Papier. So konnte er die Gleichsetzung wagen:

> Der Garten ist unser schönes Buch,
> in dem wir die Zeiten lesen
> aufleuchtende Fragmente
> vielfach deutliche Schrift
> Nichts von dem das war
> ist erloschen
> eingeprägt in das Gegenwärtige –
> im Grunde ist die Welt dazu gemacht
> dieses schöne Buch zu werden

Die Welt zum Buch konzentriert, das Buch sich als Welt auseinanderfaltend, das war sein Dogma, seine Formel, unendlich variiert. Er hat nie darüber nachgedacht, ob unsere Epoche etwa eigene Bedürfnisse hätte, neue Themen, neue Konflikte, neue Leser-

schichten. Das lag gänzlich außerhalb seiner Reichweite und hat dafür gesorgt, daß er nicht in die Zeitungen kam. Das Aufregende wäre ihm als Blasphemie erschienen. Ruhige Bogengänge aufführen wie die Architekten der Romanik oder der Renaissance, das war ihm Genusses genug und reichte als Erquickung für die Freunde seiner Verse.
Seine Scham, seine Scheu verboten ihm, aus seinen Meinungen eine Weltanschauung zu bauen. Wenn er in Gesellschaft war, gab er sich lieber lustig, ironisch oder sarkastisch, eher ein Spaßmacher als ein Prophet. Wenn er dichtete, achtete er darauf, daß das Feierliche durch Einschränkungen aller Art im Zaum gehalten wurde, man könnte bei ihm von lyrischem Understatement sprechen. Nur die Worte selbst, die Silben, die Laute mußten ‹sitzen›, klingen, das Ohr befriedigen wie Musik.
Dazu will ich zum Schluß noch ein Gedicht zitieren, aus dem Band «Die Linien des Lebens», der vor zehn Jahren in der Eremiten-Presse erschien. Es sagt aus, was man dem lyrischen Eremiten nicht glauben würde, wenn er es nicht mit solcher Deutlichkeit gesagt hätte, sagen würde für alle Zeit:

Zeitlebens war deine Hauptbeschäftigung
die Liebe – ihretwillen gefangen
aber sie befreite dich
ihretwegen gebeugt
aber sie richtete dich auf
von ihr geblendet
aber sie öffnete dem Blinden die Augen
zeitlebens sie erhörend
um mit ihr zu sein in dieser Welt

All das –

Tage, Tage
wilde Tauben der Vergänglichkeit!
Ach, Mohn und Ähren
und was sonst der Sommer
im Schilde führte,
sank in die Abschiedstruhn.

An einem solchen Tag,
wenn du Boote siehst,
die über Meere fahren,
dann tragen sie deine Asche
und du hältst sie nicht mehr zurück.

Aus: Einige Schatten, 1956.

Begegnung mit einem persischen Dichter deutscher Sprache

Meine Bekanntschaft mit Cyrus Atabay fällt in das Jahr 1986. An einem Sonntagnachmittag Ende Oktober, bei dem Botschaftsrat a. D. Dr. Erich Sommer in München, sah ich ihn, eher zufällig, zum ersten Mal, kannte ihn aber vom Hörensagen. Ich kam mit etwas Verspätung – der russische Tee wurde bereits gereicht – und konnte den Anwesenden nicht vorgestellt werden, deren Geplauder allmählich verstummte. Prinz Atabay, wie er von manchen später auch genannt wurde, begann mit leiser und melodischer Stimme in der für ihn charakteristischen höheren Tonlage eigene Gedichte vorzutragen.

In einer Art sanften Fließens gab er Schilderungen von Impressionen und Naturerlebnissen im Herbst – der Zeit, in der wir uns gerade befanden – über den aufsteigenden, herben Duft aus regennassem Boden oder das Verfärben und Verwelken von Blättern, ihr Abfallen von den Bäumen, wo «das dämmernde Laub schwebend und schwirrend sein fliegendes Gewürz ausstreut», wie er es stimmungsvoll in einer Verszeile ausdrückte. Der unmittelbar verständliche Stil dieser Gedichte, mit der eigentümlich persönlichen Mischung aus Empfindsamkeit und übersichtlicher Form, fiel mir angenehm auf, denn ich bemerkte keine Anklänge an «absolute Poesie» und deren Spiel mit dem bloßen Eigenwert von Worten. Atabay berührte mit sensibler und reiner Kunstsprache das Geheimnis von Vergänglichkeit und Tod in einem ihm eigenen Klang von schwebender Wehmut, der mir seitdem in Erinnerung geblieben ist. «Dies ist die Entdeckung, daß die Wahrheit mit der Gewißheit des Herzens beginnt», so hieß es in einem Gedicht.

Atabays mitunter symbolhaft verschlüsselte und stets aller Alltäglichkeit entrückte Sprache empfand ich als persönliche, existentielle Beschwörung, gar als kompromißlose Bloßlegung seines Ich. Diese Einsicht vermittelten mir Zeilen aus dem ein Jahr vorher erschienenen «Prosperos Tagebuch», die er auch an diesem Spätnachmittag vorlas:

Ja unser Sinn ist auf den Traum gerichtet
wir sind Bürger der Freiheit
auf einem Geisterarchipel
(...)
Doch unaufhaltsam geschieht uns
was der Welt geschieht
ihre Emanationen dringen in unsere Fibern
indes die Instrumente darauf hindeuten
daß unsere Zerstörung schon beschlossen ist

Damit schlug er einen dunklen und tragischen Ton an, mit Erfahrungen einer ständigen inneren Bedrohung. Seinen Wort-Bild-Kombinationen über eine illusionäre Freiheit auf einem Geisterarchipel, die er in Verbindung zur Fatalität einer beschlossenen Zerstörung setzte, haftete etwas Intimes und Schicksalhaftes an, das mich betroffen machte. Beim Zuhören bemerkte ich, daß Prinz Atabay sehr einfach gekleidet war, geradezu dezidiert unattraktiv bescheiden, fernab jeder modischen Eleganz, worin ich keinen besonderen Vorteil sehen mochte. Ein Gedanke, den ich mir insgeheim vorwarf und schnell beiseite legte.
Vielleicht gerade wegen dieser Unauffälligkeit seines Äußeren erhielt seine leicht kauzige und lässig zusammengekauerte Körperlichkeit etwas von innen her Leuchtendes, gar still Beseeltes beim Lesen seiner Lyrik aus Trauer, Verzweiflung und, wie mir schien, chimärischer Hoffnung, wenn er sagte:

Aus ihrem ehrwürdigen Testament
fällt dir ein Kompaß zu
der dir den Weltteil anzeigt
der dir fehlt
du wirst als Schiffbrüchiger
sein Ufer erreichen ...

Atabay trug seine kristallene und weltschmerzliche Poesie mit insistierender Unaufdringlichkeit vor, mit einer empfindsamen Einförmigkeit auch, die mich an klagende orientalische Tonreihen erinnerte. Beim Lauschen auf seine noblen Dichtungen, in denen das Esoterische und Artistische sich reflektiert und kunstvoll verbinden, fühlte ich mich in einen merkwürdigen Zwischenzustand von einfühlender Aufmerksamkeit und somnambuler Empfänglichkeit versetzt. Ein Befinden, wie es mir vom Betrachten abstrakter Bilder her bekannt war.

Seit jenem Nachmittag bei Dr. Sommer entstand zwischen Cyrus und mir eine freundschaftliche Sympathie, die von beiden Seiten mit einem nicht näher erklärbaren Abstand gepflegt wurde. Es war eine Mischung aus höflicher Zurückhaltung und – von meiner Seite – einer Rücksichtnahme auf seine Verletzbarkeit und das, was ich als seine Aura von Einsamkeit empfand. Wir hatten lange Gespräche miteinander, besuchten Galerien, Theateraufführungen, Museen und haben viel zusammen gelacht bei nächtlichen Ausflügen. Cyrus hatte reichlich Humor, vielleicht mehr in der englischen Art, gemischt mit einem Gran Snobismus. Er sprach lobend von London, wo er längere Zeit gelebt hatte. Doch wollte er als Dichter deutscher Sprache in Deutschland leben, was nicht frei von Unwohlgefühlen geschah. Er war ein Kosmopolit, der nirgendwo zu Hause war – der Urtyp des Wanderers.

Mir gefiel seine stark ausgebildete Sensibilität, dann seine engagierte Art, auf Kunst zu reagieren – wiewohl er da betont subjektiv sein konnte –, auch sein Mut, Dummheit, Heuchelei und Konformismus von Leuten die Stirn zu bieten. Er war ein Mensch des Widerspruchs und darin ein Schüler Nietzsches, den er sehr verehrte. Obschon Cyrus Atabay durch Herkunft und Erziehung ein privilegiertes Leben führte und den Aufgaben des Alltags oft hilflos gegenüberstand, besaß er ein erstaunlich schnelles und sicheres Urteil über Menschen und Dinge, über die er sich witzig und sarkastisch bis vernichtend äußern konnte, wenn sie seinem elitären Standpunkt nicht entsprachen. Sein Dichtertum absorbierte ihn, und er lebte ganz in seinen eigenen Vorstellungen. Doch war er im Leben gewappnet gegen schädi-

gende Träumereien und Illusionen, womit nicht gesagt sei, daß er ein Wirklichkeitsmensch war.
Er wohnte in einem mit Jugendstilelementen verzierten Altbau in der Schwabinger Herzogstraße. Dorthin lud Cyrus mich manchmal zum Tee ein. Die Räume mit den alten englischen Möbeln im Victorian Style, den persischen Wandbehängen aus Seide, den orientalischen Teppichen und Kunstgegenständen atmeten noble Behaglichkeit und Wohlhabenheit. Die umfangreiche Bibliothek in den Regalen stellte der Gastgeber als seine unabdingbare Lebensbegleitung vor und bedauerte, daß noch Mengen von Büchern in Kisten verpackt seien, was seinem Lebensstil etwas Provisorisches gab, so, als ob er jederzeit wieder ausziehen wollte. Das Improvisierte und Bohemeartige dieses Zustands empfand ich als sympathisch bei einem Prinzen, der zum engsten Kreis der persischen Kaiserfamilie gehörte und in direkter Linie von Schah Reza Pahlewi abstammte, einem morgenländischen Feudalherrscher, der einen Mullah mit der Peitsche geschlagen hatte, weil dieser sich seiner zweiten Heirat widersetzt hatte, wie Cyrus mir beim Eingießen des Tees erzählte. Der Vater war Arzt, hatte in Berlin bei Professor Sauerbruch Medizin studiert und stand, als Direktor eines Teheraner Militärhospitals, im Rang eines Generals. Cyrus' Beziehung zu beiden Elternteilen war höchst problematisch, seit früher Kindheit. Besonders schlecht schien die zu seiner Mutter gewesen zu sein, einer Halbschwester des letzten Schah Mohammed Reza Pahlewi. Zur Kaiserin Farah Diba in New York – die ihn wohl schätzte und auch unterstützte – unterhielt er ein gutes verwandtschaftliches Verhältnis und sprach von ihr mit Sympathie. Zur politischen und historischen Bedeutung der Pahlewis hat er sich nie geäußert. Wie schreibt Prospero in seinem Tagebuch?

Durchkreuze den blinden Plan
geh fort aus dem Land
aus der Betrübnis
die du selbst
und deine Vorfahren dir angetan

Häufig kam er zu mir – auch unangemeldet mit dem Fahrrad –, denn er mochte meine mit modernen Bildern und alten Möbeln vollgestopfte Wohnung gern, draußen im Grünen, an der Grenze von Bogenhausen. Ich wunderte mich immer wieder über seine einfache Kleidung und sagte ihm einmal: «Du machst so gar nichts aus Dir, Cyrus», worauf er mich erstaunt mit seinen dunklen, orientalischen Augen ansah und entgegnete: «Meinst Du? An so etwas habe ich nie gedacht.» Er war überhaupt ein ganz unmaterialistischer Mensch, in seiner Ausdrucksweise und Lebensführung von klassischer Einfachheit, die etwas Zeitloses hatte. Cyrus war im Essen und Trinken mäßig, doch mußten die Speisen und Getränke von bester Qualität sein. Die Feinkostgeschäfte Käfer und Dallmayr waren ihm bestens vertraut.

Einmal durchbrach er – vielleicht in einem Anflug von Melancholie – die zwischen uns beiden unausgesprochen vorhandene Linie der Distanz und sagte emphatisch: «Du bist glücklich, aber ich bin unglücklich.» Diese Äußerung seiner Tragik erschütterte mich tief. Ich spürte eine unheilbare Gefährdung und Einsamkeit, die – so meine ich rückblickend – unabdingbar verbunden mit seiner Berufung als Dichter zu sehen sind, und ich bemühte mich, die Vorstellung von Glück, die er von mir hatte, sogleich herunterzuspielen.

Wir trafen uns zuletzt Mitte Dezember 1995, am Abend der Eröffnung, zur Ausstellung des Malers Zoran Music – eines gemeinsamen Freundes – in der «Bayerischen Akademie der Schönen Künste». Beim Rundgang blieb Cyrus wie gebannt vor den Dachauer KZ-Bildern stehen, mit den nackten Leichen und Leichenbergen in halluzinativem Licht, Musics Zeugnissen des Schreckens, der Hölle. Ich sah Cyrus von der Seite an. Er betrachtete fasziniert diese Todesikonen, schweigend, und, wie mir schien, verstört, mit schmerzlichem Gesicht, wie ich es nie bei ihm bemerkt hatte – vielleicht unter der Vorahnung seines eigenen Todes stehend, der, unerwartet für seine Freunde, vier Wochen später nach langem Koma eintrat.

Er verabschiedete sich schnell von Music und mir und verschwand. Ich habe den Prinzen Atabay nie wieder gesehen.

Selbstauskunft

Geboren wurde ich am 6. September 1929 in Teheran. Mein Vater hatte in den dreißiger Jahren in Berlin an der Charité Medizin studiert und bei Sauerbruch promoviert. Er beschloß, seine zwei Söhne in Deutschland erziehen zu lassen. Ein solcher Entschluß wäre unverantwortlich, hätte man ein Kind aus einer Geborgenheit gerissen. Doch ich war in einer magischen Welt aufgewachsen, in der das Bedrohliche vorherrschte. So vertauschte ich eine Benommenheit mit einer anderen, als ich 1937 nach Berlin kam. Das Gefühl der Unwirklichkeit verließ mich in der neuen Umgebung nie, während die regenerativen Kräfte für Orientierungspunkte sorgten: Innerhalb eines Jahres hatte ich die Berliner Floskeln, die ich für meine Streifzüge auf dem Roller in der Fasanenstraße vonnöten hatte, auswendig gelernt. Noch immer ist es mir ein Rätsel, welche orientalischen Tricks in Anwendung gebracht wurden, daß ich kaum drei Jahre später in das renommierte Arndt-Gymnasium in Dahlem aufgenommen wurde. Durch die Schludrigkeit eines Vormunds, der die Möglichkeit, meinen Bruder und mich in die Schweiz zu bringen, ungenutzt ließ, blieb ich bis Kriegsende in Deutschland. Als ich im Sommer 1945, nach acht Jahren Trennung, wieder nach Persien kam, hatte ich die persische Sprache verlernt. Beschämt hörte ich die Fragen meiner Mutter in persischer Sprache, auf die ich nicht antworten konnte. Langsam wurde mir meine Muttersprache wieder vertraut, doch der Wiedergewinn an Sprache reichte nicht aus, um in einer Klasse meiner Altersgruppe eine persische Schule zu besuchen. Auf meinen Wunsch wurde ich in die Schweiz geschickt, um meinen Schulbesuch dort fortzusetzen.

In Zürich schrieb ich meine ersten Gedichte, die 1948 in der Zeitung «Die Tat» gedruckt wurden, deren Literaturteil Max Rychner leitete. Auf einigen Umwegen begann ich schließlich 1952 mit

Cyrus Atabay während der 25. Münchner Bücherschau, 1984
Widmung von Cyrus auf der Rückseite: «Cyrofix lesend! Brrrr!»
(Guido Krzikowski, München/Archiv Eremiten Presse)

dem Studium der Germanistik in München. «Einige Schatten» hieß das erste Gedichtheft, das von mir in der Reihe ‹Dichtung unserer Zeit› 1956 im Limes Verlag erschien. Zwei weitere Gedichtbände wurden vom Hanser Verlag herausgebracht.
Seit Anfang der sechziger Jahre lebte ich abwechselnd in Teheran und London. In London entstanden viele Gedichte und Prosastücke, die in dem Buch «Doppelte Wahrheit» zusammengefaßt wurden. Die unvergessene Hilde Claassen erklärte sich bereit, meine Gedichte und Übersetzungen zu drucken, allerdings ohne Anspruch auf ein Honorar. Ich wohnte in den Belsize Park Gardens, heimisch in der Nachbarschaft jüdischer Emigranten; unweit, in der Thurlow Road, wohnte Elias Canetti, den ich häufig besuchte. Obschon oder gerade weil ich die englische Sprache liebe, beschäftigte mich unablässig das Problem der Sprache für den Dichter, der im Exil oder längere Zeit fern von seiner Heimat lebt. Zunächst schien mir die Distanz zur Sprache fruchtbar und womöglich die Sprachkraft des Dichters steigernd; eine zu lange Trennung vom Resonanzboden der Sprache konnte andererseits Erosionen auslösen, die zu Sprachverfall und zunehmender Abstraktion führten. Meine eigene Sorge war, daß das Echo der Sprache im Ohr erlöschen könnte, wenn die gesprochene Sprache es nicht wieder akkumulierte. Dies waren Überlegungen, die ich auch mit Erich Fried diskutierte.
Einige Jahre später schloß ich mich in Teheran einer Gruppe von jungen Dichtern an, die sich Torfé nannte; eine Auswahl meiner Gedichte wurde in Zusammenarbeit mit mir ins Persische übersetzt und erschien in ihrem Verlag. Mein Dank und meine Erwiderung an diese Autoren findet sich in der Sammlung neuer iranischer Lyrik, die ich ins Deutsche übertrug und die 1968 unter dem Titel «Gesänge von Morgen» erschien.
1974 erschien, nach einer Unterbrechung von fünf Jahren, ein neuer Gedichtband von mir im Insel Verlag: «An diesem Tage lasen wir keine Zeile mehr». Ich hatte das Glück, daß mir Elisabeth Borchers bei der Redigierung des Manuskripts zur Seite stand. 1977 folgte der Gedichtband «Das Auftauchen an einem anderen Ort», ein Titel, der sich auf einen Satz Franz Marcs beruft.

Unmittelbar nach der iranischen Revolution beantragte ich im Konsulat der Iranischen islamischen Republik einen neuen Paß; mein Antrag wurde ignoriert, und ich erhielt politisches Asyl in England. Auch wäre ich sehr bald aus einem Land geflüchtet, in dem Willkür und dogmatische Tyrannei die Regel sind.
Seit 1983 lebe ich in München, nachdem mir zunächst die Aufenthaltserlaubnis in Deutschland verweigert worden war. In den letzten zehn Jahren erschienen von mir in der Eremiten-Presse vier Gedichtbände, eine Prosasammlung sowie Übersetzungen klassischer persischer Poesie und Prosa. Einen Auswahlband meiner Gedichte aus dreißig Jahren brachte 1991 der Insel Verlag heraus.
Viele Jahre nicht mehr in Deutschland lebend, hatte ich den Kontakt zu meinen Jugendfreunden in diesem Land verloren. Einige von ihnen sind Mitglieder dieser Akademie, ich grüße sie herzlich und danke ihnen, daß sie meine ‹kleine Kunst› mit Aufmerksamkeit begleitet haben.

Cyrus Atabay verfaßte diese autobiographische Notiz anläßlich seiner Aufnahme in die Deutsche Akademie für Sprache und Dichtung, Herbst 1993.

Abschied

«Tage, Tage/Wilde Tauben der Vergänglichkeit!» Es war Helmuth de Haas, der diesen Vers voller Begeisterung zitierte; ein junger persischer Prinz lebe am Rand der Stadt in einem Gartenhaus und schreibe die herrlichsten Gedichte. Ecce poeta!
Helmuth de Haas, auch erst Mitte zwanzig, aber schon eine literarische Leitfigur im München der frühen fünfziger Jahre, machte den Achtzehnjährigen, der eben zum Studium nach München gekommen war, und seine um ein Jahr jüngere Schwester so neugierig, daß wir uns schon bald auf den damals noch recht umständlichen Weg nach Großhadern begaben, wo wir Cyrus in der Aurikelstraße besuchten. Das «Gartenhaus» entpuppte sich als windiger, von einem kleinen Ofen nur notdürftig erwärmter Schuppen, der auf einem leeren Grundstück stand. Cyrus hatte in Zürich gelebt; hier wohnte er, um zu studieren, aber in der Universität sah ich ihn nie. Wir kamen einigermaßen regelmäßig zu ihm hinaus, er nahm uns auch ein paarmal in die Familie mit, der das Grundstück gehörte und die ein paar Häuser weiter einen Milchladen hatte; er wurde dort liebevoll betreut. Er kam zu uns ins Lehel, wir gingen ins Kino und trafen uns in Schwabing, sprachen über Benn, Eliot, Pound, Britting, von der Vring, Günter Eich, Holthusen, Max Rychner.
Die «wilden Tauben der Vergänglichkeit» fanden sich einige Jahre später in Cyrus' erstem Gedichtband «Einige Schatten», wo auch die poetische Rede war von der «tröstliche(n) Gegend,/wo die Straßen Namen von Blumen tragen./Alle diese holden Lettern, gestiefelt und gespornt –/im Gegensatz zu den kaiserlichen Alleen in keine Topographie einfügbar.»
Über seine persische Herkunft, die Berliner Kindheit, die knapp zurückliegenden Jahre in der Schweiz gab Cyrus nur sehr bruchstückhafte Auskunft, was den poetischen Zauber, der von seiner

Person ausging, verstärkte. Sie war, so schien es, auf kostbare Wörter, westöstliche Bilder, mythische Namen und ungewöhnliche Metaphern gegründet; hier hatte einer sein Leben auf Lettern gestellt, auf die Sache des Gedichts. Aber man hätte sich getäuscht, wenn man den damit verbundenen Verzicht auf Seßhaftigkeit, Sicherheit, Besitz und bürgerlichen Beruf mit dem Leichtsinn, der Leichtfüßigkeit dessen, der einer anderen, höheren Region angehört, gleichgesetzt hätte.

Cyrus, das fiel mir von Anfang an auf, war bei aller dichterischen Ausrichtung seiner Existenz ein sehr bodenständiger, wirklichkeitsnaher, vitaler Mensch, mit dem man handfest streiten, herzhaft lachen konnte, ein Mensch auch von eigentümlicher Zähigkeit und Unerbittlichkeit.

Es kamen dann andere Zeiten, in denen die Metapherngläubigkeit und -freudigkeit der fünfziger Jahre einem tiefen Mißtrauen gegenüber den Bildern, allem Fiktiven, der Poesie im ganzen weichen mußten. Cyrus hatte Deutschland verlassen, war in den Iran, dann nach London gegangen, wir verloren uns aus den Augen. In London war Cyrus mit Erich Fried befreundet, einem Exponenten der tonangebenden literarischen Tendenz, die darin bestand, die Tendenz selbst zum Zweck der Literatur zu machen, Dichtung in den Dienst der Bekämpfung des Bösen zu stellen. Ein Gedicht von Erich Fried – «Der Gewissenlose» – ist Cyrus Atabay gewidmet, die erste Strophe lautet:

Wenn alle meine
gewissenhaften Freunde
mich ermüden
und trostlos lassen
finde ich Trost
in den Versen
dieses Gewissenlosen
der uns verspottet
und jede Verantwortung leugnet
für den Zustand der Welt
und den nur die Leidenschaft

der Neugierde
antreibt
zu schreiben.

Die «Leidenschaft der Neugierde» ist direktes Zitat: So heißt ein Gedichtband, den Cyrus 1981 veröffentlicht hat. Das von Erich Fried gebrauchte Wörtchen «nur» erlischt gleichsam im Licht eines so strahlenden Wortes wie Leidenschaft und fällt auf die trostlosen und trostlos lassenden Verse der gewissenhaften Freunde und ihrer Verantwortungslyrik zurück. Denn der Dichter, der sich aus moralischer Empfindlichkeit in den Streit der Welt mischt, hat Partei ergriffen und sich damit dem Partikularen – mag dies noch so ehren- und wünschenswert sein – verpflichtet und verschrieben. Ein Lyriker, der sich solchem Engagement entzieht, ist – jetzt zitiere ich Cyrus – «anderweitig verpflichtet,/Kometen auf der Spur». Er tritt für das Ganze ein, gibt den Dingen seine, das heißt ihre Stimme und macht eben dadurch den Planeten bewohnbar. Der partiellen Gewissenlosigkeit korrespondiert also eine universelle Verantwortung. Ein solcher Dichter von Gottes oder Allahs Gnaden war Hafis, war Goethe, war in den gebrocheneren Stimm- und Stimmungsverhältnissen unserer Gegenwart Cyrus Atabay.
Freilich hat sein Gedicht im Lauf der Jahrzehnte sich gewandelt; der Überschwang der frühen Verse, die Rollen, in die das lyrische Ich sich kleidete – die des Gauklers, des Nomaden, des blinden Passagiers –, die westöstliche Botschaft – das alles hat seine Lyrik nach und nach abgestreift. Atabays Gedichte wurden immer wahrer. In einem relativ späten Band, den «Puschkiniana» von 1990, wird einem berühmten poetischen Bild, das einen Todestrost vermittelt, die Absage erteilt. Ariels Lied in Shakespeares «Sturm» gilt dem Sohn des – freilich nur scheinbar – bei einem Schiffbruch ums Leben gekommenen Königs Alonso:

«Fünf Faden tief liegt Vater dein.
Sein Gebein wird zu Korallen,
Perlen sind die Augen sein.»

Cyrus nimmt diese von Ariel, dem Geist der Poesie, bewirkte Verklärung des Toten zurück: «Aus diesem Gebein sind keine/Korallen gemacht und diese Augen/sind keine Perlen». Dennoch wünsche ich mir, uns allen, die wir um unseren Freund, unseren Dichter trauern, daß die Fortsetzung von Ariels Lied, jene drei Verse, die Byron auf Shelleys Grabstein schrieb, der bitteren Wirklichkeit dieses Todes standhält: «Nichts an ihm, das vergeht. Was ihm widerfährt, ist Verwandlung durch das Meer in etwas von seltenem Wert» – «Nothing of him that doth fade/But doth suffer a sea-change/Into something rich and strange.»

Er ist dagewesen

Es gibt Gedichte, die mit eigenem Licht leuchten, autarke Gebilde, über denen man den Autor vergißt. Es gibt aber auch Gedichte, die über sich hinausweisen, Spuren sind einer Figur, die sich entzieht, zugleich jedoch in allerlei Abdrücken, Bildern, Transformationen zum Vorschein kommt. Sie gruppieren sich um eine Mitte, die halb ihr dunkles Geheimnis, halb ihre Lichtquelle ist. Von dieser Art sind die Gedichte des in Berlin aufgewachsenen, deutschschreibenden Persers Cyrus Atabay. Seit 1956, dem Erscheinungsjahr seines ersten Bändchens «Einige Schatten» – es war das Debüt eines 27jährigen –, schickt dieses merkwürdige Ich in ziemlich regelmäßigen Abständen lyrische Lebenszeichen aus – unaufdringlich, aber unüberhörbar. Nicht von der privaten Person ist die Rede, sondern von dem, dessen Sprache die Gedichte sind. Wie ein seltener und sehr scheuer Vogel, der dennoch die Gärten des täglichen Lebens von Zeit zu Zeit besucht, kehrt er verläßlich wieder. Man bekommt ihn nicht zu Gesicht, doch die Gedichte verraten: Er ist dagewesen.

«Die Leidenschaft der Neugierde» – das Subjekt, das sich hinter diesem Titel verbirgt, weiß auch unsere Neugier wachzuhalten – ist Atabays achter Gedichtband; er ist trotz der kurzen Prosatexte, die sich gelegentlich in seine Bücher eingesprengt finden, einer der wenigen ganz konsequenten Lyriker unserer gegenwärtigen Literatur (und gewiß der am wenigsten geförderte; Atabay hat bisher zwei kleine Preise erhalten, den letzten vor mehr als zwanzig Jahren).

Ich kann keine Entwicklungslinie feststellen, vermisse sie auch keineswegs: ein Vorwärts ist nicht Atabays Sache. Seine Gedichte variieren ein unerschöpfliches Thema: eine bestimmte Existenzweise, die man am genauesten poetisch beschreibt, die des Gastes, des Fremden, des Außenseiters. «Wo wohnt er denn nun eigentlich,/ganz oben im Dachzimmer/oder im Keller?//Man kann ihn in keiner Etage/unterbringen,/vielleicht hat er sich eigens/ein Zwischenstockwerk eingerichtet?//Man begegnet ihm manchmal flüchtig/im Treppenhaus,/es kann aber auch/ein Luftzug gewesen sein.»

Bedeutet das nun, daß in dieser Lyrik ein einzelner nur mit sich selbst, mit seinen Schwebezuständen, mit Reichtum und Armut seiner Einzelgängerschaft beschäftigt ist? Die Gedichte widersprechen einem solchen Vorwurf von Unverbindlichkeit. Ihre Metaphern zielen auf einen Archetypus, der auch in der Seele der Seßhaften verborgen ist. Außerdem sucht sich die *figure isolée* ihre Doppelgänger – die lyrische Konsequenz heißt «Legenden», heißt «Porträts»; zwei Abschnitte in dem Band sind so überschrieben und versammeln eine ebenso gemischte wie durch den Bezug zu ihrem Gastgeber überraschend zusammengehörige Gesellschaft. Schließlich: Je präziser einer seinen Sonderstatus zur Sprache bringt, um so schärfer zeichnen sich die Umrisse einer Welt ab, in der er nicht aufgeht: «Wozu wir leben: wenn wir es jetzt nicht wüßten,/wäre die Jahrhunderte alte Ratlosigkeit/und Empörung umsonst. Bedürftiger denn je/sind wir der Kenntnis unseres unverstellten Wesens.»

Die existentielle Heimatlosigkeit sollte freilich nicht so weit gehen, daß ihre poetischen Verlautbarungen das Los ihres Dichters teilen. Es ist bedauerlich, daß Atabays Werk bisher keine feste Verlagsheimat gefunden hat. Das Erscheinen in der Eremiten-Presse bedeutet – nach Limes, Hanser, Claassen und Insel – wieder einmal das «Auftauchen an einem anderen Ort» (so der Titel des vorletzten Bandes).

Dieser Text wurde zuerst als Rezension anläßlich des Erscheinens des Gedichtbandes «Die Leidenschaft der Neugierde» in der Süddeutschen Zeitung vom 26./27. September 1981 veröffentlicht.

Chopin in Collioure

für Cyrus Atabay

Im dritten Jahrzehnt
noch immer fremd die Küste
Wenn aber Muscheln über Nacht
dein Bett überfluten
fühlst du dich verstanden
und kehrst mit ihnen zurück
ins Meer

Im dritten Jahrzehnt
noch fremd Etüden
Wenn aber Nacht
Tasten und Revolution
nach dir greifen
fühlst du dich erkannt
und kehrst zurück
ans Meer

Im dritten Jahrzehnt
doch fremd die Ankunft
Wenn aber Möwen über Tag
deine Gedanken streifen
fühlst du dich geborgen
und kehrst mit mir zurück
ins Meer

Aus: Helmut Vakily: Nicht immer findest du einen Ort. Portraitgedichte, München (Stora) 1997.

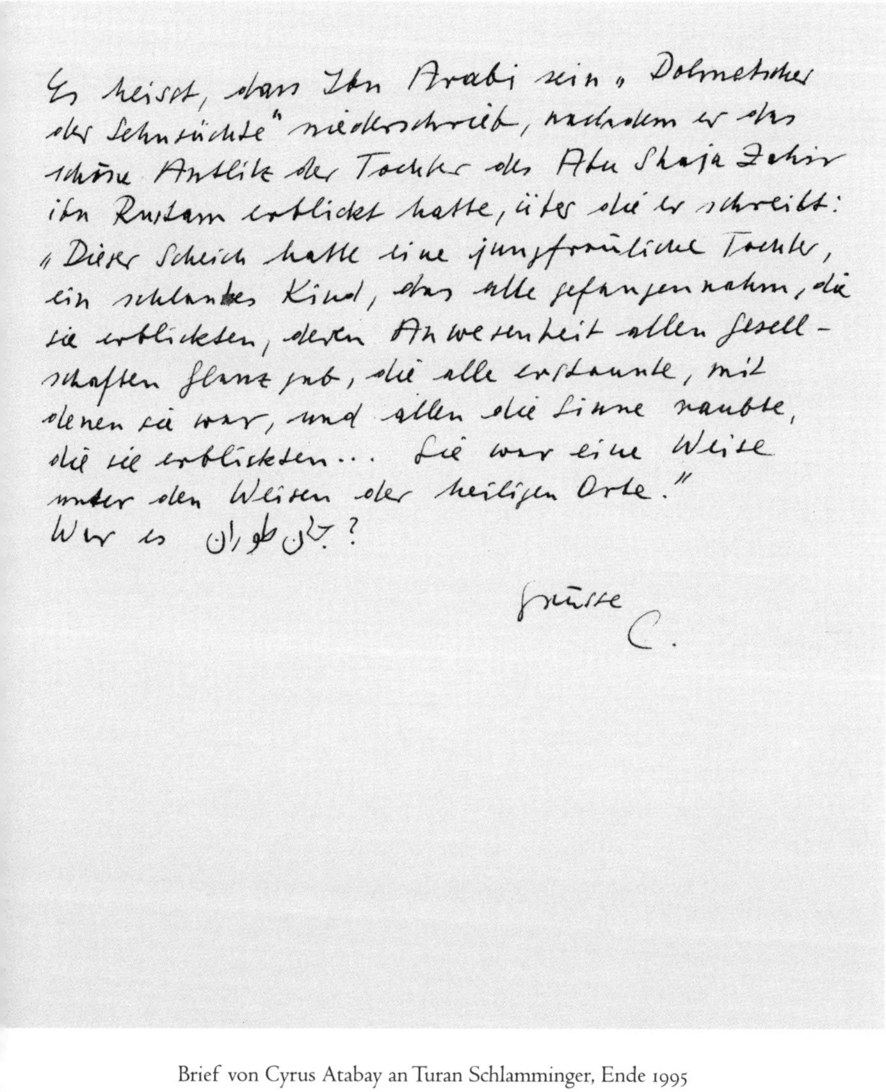

Es heisst, dass Ibn Arabi sein „Dolmetscher der Sehnsüchte" niederschrieb, nachdem er das schöne Antlitz der Tochter des Abu Shaja Zahir ibn Rustam erblickt hatte, über die er schreibt: „Dieser Scheich hatte eine jungfräuliche Tochter, ein schlankes Kind, das alle gefangennahm, die sie erblickten, deren Anwesenheit allen Gesellschaften Glanz gab, die alle erstaunte, mit denen sie war, und allen die Sinne raubte, die sie erblickten... Sie war eine Weise unter den Weisen der heiligen Orte."
War es جان طوران ?

Grüsse
C.

Brief von Cyrus Atabay an Turan Schlamminger, Ende 1995

Rätsel einer Auflösung
Zu einigen Gedichten von Cyrus Atabay

Von seinem letzten Gedichtband «Die Wege des Leichtsinns», 1994 in der Eremiten-Presse erschienen, hat uns Cyrus Atabay ein Exemplar geschenkt mit einer freundschaftlichen Widmung für Doris und mich, die mit Bleistift geschrieben war: so diskret war er – es hätte ja dieses «zerstreute äolische Material» durch eine dauerhaftere Schriftspur zuviel privates Gewicht erhalten können. Und es sollte doch, wenigstens zum Schein, nur ein «leichter» Sinn mit diesen Gedichten verbunden sein.

Ich habe die Gedichte dieses Bandes von der ersten Lektüre an geliebt. Mehrere von ihnen habe ich mir in unserm Exemplar durch Markierungen für baldiges Wiederlesen vorgemerkt. Eines dieser Gedichte, mit dem Titel «Wahrgemacht», ist das folgende:

Am Ende steht natürlich die Auflösung
Umwege über das Verworrene, Verknotete,
bis die Fesselung zur Freigabe wird.
Das alles hat viel mit Zauberei zu tun
hängt zusammen mit Magie und Mathematik:
Eine geringfügige Verschiebung in der Anordnung
der Bedingungen gewährt im Ausweglosen
einen Durchschlupf für das Unerwartete,
plötzlich wahrgemacht im Kuckucksruf,
der die Erklärbarkeit aufhebt.

Ich weiß nicht mehr genau, mit welchen Gedanken und Empfindungen ich dieses Gedicht beim ersten Mal gelesen habe. Denn in der Zwischenzeit hat Cyrus Atabay uns verlassen, und nun überlagert die Lektüre *post mortem* ganz die Erinnerung an das, was ich vorher aus diesen Versen herausgelesen haben mag.

Es ist jetzt vor allem die erste Zeile, die meine neue Lektüre beherrscht. Ich bin versucht, sie für sich allein zu nehmen und sie auf den Tod dieses Menschen hin zu lesen, dessen Leib nun auf dem Weg der Auflösung ist, wie es «natürlich» Menschenschicksal ist. Lese ich dann weiter, so muß ich wohl spätestens in der letzten Zeile bei dem Wort «Erklärbarkeit» diese Lesart aufgeben und vorrangig an die Auflösung eines Rätsels denken. Aber sind das wirklich zwei ganz verschiedene Lesarten: *dissolutio* und *solutio?* In einem von Cyrus Atabay übersetzten Vierzeiler des persischen Dichters Omar Chajjam heißt es:

> Das Geheimnis der Ewigkeit kennst weder du noch ich,
> weder du noch ich können dies Rätsel lesen;
> wir beide reden diesseits des Schleiers,
> wenn der Schleier fällt, bleibt nichts von dir und mir.

Verwirrend oder, wenn man will, rätselhaft ist an der Fassung dieser Verse vor allem, daß hier ein Rätsel nicht einmal zu lesen, geschweige denn zu lösen ist. Klarer ist hingegen, daß dieses Rätsel oder Geheimnis *sub specie aeternitatis* zu verstehen oder eben nicht zu verstehen ist. Vielleicht ist es auch nur halb zu verstehen. So drückt es jedenfalls ein anderes Rätselgedicht aus, das aus Cyrus Atabays eigener Feder stammt und in seinem Gedichtband «Prosperos Tagebuch» steht:

> Für die letzten Jahre des Lebens
> bleibt die erheiternde Beschäftigung
> Rätsel aufzulösen deren Auflösung
> du nur zur Hälfte ausführst
> Wichtiger ist es des Staubes
> eingedenk zu sein aus dem ein Spielender
> das Leben schuf und auch den Steinen
> seinen Segen nicht verwehrte

Leichtsinn mag es wohl sein, ein Rätsel nur halb lösen zu wollen; doch wenn diese halbe Sache dann dazu führt, daß selbst die

Steine als Spielsteine erkannt werden, auf denen der Segen einer «höheren Heiterkeit» (Th. Mann) ruht, dann darf man vielleicht wohl die andere Hälfte der Lösung großzügig verschenken.

Wir wollen zu dem Gedicht «Wahrgemacht» zurückkehren. Denn nach der ersten Zeile geht das Gedicht ja weiter und spezifiziert das Rätselhafte als das Umwegige, das Verworrene und Verknotete. Bei Cyrus Atabay ist jedoch gewiß kein gordischer Knoten gemeint, der von einem ungeduldigen Rätsellöser einfach durchgehauen werden könnte. Dieser Neffe eines Schahs ist kein Machtmensch, kein Alexander. Sein Weg von der Fesselung zur Freigabe – die Alliteration verhüllt den polaren Gegensatz! – ist weit und mühsam und verlangt die Künste der Zauberei, Magie und Mathematik. Allerdings, in welche Gesellschaft hat sich die Mathematik da begeben? Doch muß man weiterlesen; denn nach dem Wort «Mathematik» und seinem nachfolgenden Doppelpunkt spricht der Autor in einer langen, umwegig (man denkt einen Moment: unlyrisch) formulierten Periode fast wie ein kühl-analytischer Wissenschaftler, der zielbewußt «Erklärbarkeit» alles Rätselhaften anstrebt. Aber genau aus diesen ins Quasi-Wissenschaftliche abgedrängten Versen bricht dann plötzlich das «Unerwartete» hervor, der «Kuckucksruf».
Was aber wird eigentlich «wahrgemacht» im Kuckucksruf? Ich denke, an dieser Stelle müssen alle Vorstellungen von romantischer Naturlyrik ferngehalten werden. Cyrus Atabay war keiner, der sich für sein Leben und Schreiben bei der Natur Rat geholt hätte. So ist auch der Kuckucksruf dieser Verse kein Lockruf der Natur, es sei denn zur Verwirrung, denn:

> Was ein Gottesfürchtiger
> werden will,
> lernt beizeiten
> auf den Kuckuck zu bauen,
> der stets woanders ruft.

Mit dieser verwirrenden Eigenschaft macht der Kuckuck das Leben tatsächlich wahr, sofern auch der folgende Vers unseres Autors gilt: «Immer ist das Leben woanders».
Doch ist der Kuckuck zugleich derjenige Vogel, der nach den Regeln der Zauberei und Magie, wenn auch nicht nach denen der Mathematik, mit seinem Ruf die verbleibenden Lebensjahre zählt.
Als Cyrus Atabay diese Verse schrieb, waren es nur noch wenige. Nur zweimal noch rief für ihn dieser geflügelte Wahrsager, dann fand Cyrus Atabay, freigegeben, seinen Durchschlupf ins Unerwartbare und am Ende, «natürlich», die ihm gemäße Auflösung des verworrenen Rätsels Leben.

Auf der Suche nach einem unauffindbaren Echo

Als ich Cyrus zum letzten Mal im Krankenhaus besuchte, gab er mir ein paar alte Sachen mit, die er nicht mehr brauchte, nicht mehr wollte. Es war ein lila Jogginganzug und ein buntes Schulheft, das er für Notizen, Einfälle, Merksätze vorgesehen hatte. Der Jogginganzug war ausgebleicht. Das Heft enthielt ein paar Zitate, viele leere Seiten, ein paar Ansätze zu Gedichten und ein Gedicht. Hatte er es vergessen? War es eine späte Gabe, ein kleines Zeichen der Dankbarkeit? Ich konnte ihn nicht mehr fragen. Für mich selbst wurde die letzte Zeile zum Symbol. «Suche nach dem Unauffindbaren» hätte über seinem Leben stehen können, über den wechselnden Ländern, Sprachen, Orten, Wohnungen, über den Freunden, denen er anhing und die er manchmal provozierte.

Cyrus war gern bei uns in der Lindenstraße. «Für einen ‹Emigrantler› wie ich es bin ein besonders kostbares Schlupfloch» hatte er einmal in einem Brief geschrieben. Er legte Wert darauf, daß man ihn formell einlud, ihn drängte zu kommen. Wenn er zugesagt hatte, war keineswegs sicher, daß er auch tatsächlich kam. «Mal eben vorbeischauen» war ihm nur gegeben in meiner Praxis in der Residenzstraße, nach seinen Streifzügen durch die Delikatessengeschäfte Dallmayr und Kühbogen. Dort kaufte er mal ein Joghurt, mal ein Päckchen Tee und trug sie in seiner Plastiktasche, die immerhin von «Fortnum & Mason» stammte, nach Hause.

Manchmal unternahmen wir etwas zusammen, zum Beispiel eine Radtour entlang der Isar bis nach Großhesselohe, um dort in der Waldschänke einzukehren. Bei solchen Ausflügen gab er sich locker, wobei sich das, was ich für mich seinen Übermut genannt habe, schattenlos und wolkenlos enthüllte. Mir stockte der Atem als ich zum ersten Mal sah, wie er mit hocherhobenen Armen

freihändig fahrend mit großer Geschwindigkeit an mir vorübersauste. Er triumphierte lachend ob meiner Verblüffung.
Es war schön für ihn: zu zeigen, daß er nicht bleich im Kämmerlein hockte, sondern sportlich seinen Mann stand, beim Baden mit weit ausholenden Armbewegungen vorstoßend in den See, oder weit ausholend auch zum Schlag beim Badminton im Garten.
Bei jenem Besuch, von dem weder er noch ich wußte, daß es der letzte war, bei dem wir miteinander reden konnten, fand ich in dem Heft *ein* Gedicht sauber ins Reine geschrieben nach zwei durchgestrichenen Versuchen. Dieses vielleicht letzte Gedicht von Cyrus erinnert mich an seine erstaunliche sprachliche und sachliche Vertrautheit mit Pflanzen und Tieren – Vögel an der Spitze. Bei Spaziergängen offenbarte er sie gerne.
Dieses Gedicht soll hier zur Erinnerung stehen. Es heißt

Vom Widerhall

Allenfalls ein Kundiger
in den Klopfzeichen des Spechts,
die Abweichungen und Resonanzen
prüfend der wechselnden Baumstämme,
und jedes Holz hat einen anderen Ton.
Die Forderungen der Natur sind vielfältig
und der Nestbau nur eine
für diesen hellhörigen Vogel,
der beizeiten weiter zieht,
auf der Suche
nach einem unauffindbaren Echo.

Cyrus und der Specht oder Die exemplarische Umwandlung eines Stücks Natur in ein Stück Poesie

Im Folgenden beziehe ich mich auf das am Ende des Beitrags von Luitgard Wiest zitierte Gedicht «Vom Widerhall» von Cyrus Atabay.

Ja, Cyrus wußte mancherlei, auch über den Specht. Auch zum Beispiel, warum der Specht an die Bäume klopft. Irgendwann haben wir einmal gehört, daß er dort die Insekten zur Nahrung sucht, die unter dem lockeren Holz sitzen. Dann las ich, daß der Specht morsches Holz zum Nestbau braucht, er klopft zuerst, um es zu finden, dann um es zu lockern und wegzutragen. Der Nestbau, laut Cyrus, ist nur eine der vielfältigen Forderungen der Natur, für ihn nicht die interessanteste.

So wie die Natur vielfältige Forderungen hat, hat der Specht eine Menge Impulse. Zum Beispiel den: er macht Musik, wie andere Vögel auch. Nur auf einem anderen Instrument. Er braucht Stämme, so heißt es im Gedicht, und man kann an das Instrument namens Hackbrett denken, das aus miteinander verbundenen Stäben besteht. Jeder Stamm ein Ton, wäre die Logik, die zugrundeliegt und für die der Dichter einsteht wie der Naturkundige für den Nestbau. Der Specht ist allem Anschein zum Trotz so musikalisch wie die Nachtigall, so wie der Geiger nicht weniger musikalisch ist als die Sängerin.

Sehr tastend nähert sich der Dichter diesem Spechtgesang. Augenscheinlich stimmt die Syntax der ersten Sätze nicht, das Herangehen an den Fall. «Allenfalls» klingt nach Amtssprache, und der dort genannte Kundige könnte eher ein Ornithologe sein als ein Poet. Erst beim Klopfen auf den Stämmen ist er, der Poet wie der Vogel, in seinem Element. Aber weit gefehlt, wenn man nun dächte, da würde eifrig musiziert. Als die Nachtigall sang, ja, da sind in Hall und Widerhall die Knospen aufgesprungen. Dergleichen geschieht hier nicht. Der Specht probt bestenfalls, er stimmt, wenn es hochkommt, sein Instrument. Klopfen ist oft ein Ausprobieren. Ist der Stamm der richtige? Ist der Wald, in dem dieser Stamm steht, der passende?

So fragen wir uns und werden gleich, in den letzten Versen, belehrt. «Jedes Holz hat einen anderen Ton», das wäre die Voraussetzung für das Spechtkonzert, das ihm Spaß machen müßte, selbst wenn es an Zuhörern für diese klangliche Vielfalt der Hölzer mangelt. Aber dieser hellhörige Vogel hat mit dem Ertasten der Töne offenbar schon genug getan, sich selbst genuggetan, er zieht beizeiten, also eilig, weiter. Der Vogel zieht zum nächsten Wald, der Dichter zieht zum letzten Vers, der manchmal die Lösung des Gedichts bringt und manchmal sagt, daß es keine Lösung gibt, sondern nur den Ausblick ins Unendliche. Der Specht klopft, und der Stamm, der Baum, der Wald liefert das Echo. Das wäre als Motiv eine neue Waldmusik, wie es auch eine neue Orchestermusik gibt mit mehr Klopfen und weniger Melodik als ehedem.

Aber das Echo ist unauffindbar, die Suche ebenso hartnäckig und unermüdlich wie nutzlos. Cyrus ist bei seinem liebsten Thema angekommen: Die Suche ist so wenig einzustellen wie das endgültige Finden zu verwirklichen. In diesem Dilemma hängt der Mensch, der Dichter ist der, der es weiß. Und der als der ewige Nomade, der er ist, diese einsame Wanderung in die schönsten Farben seiner Fata Morgana kleidet.

Bibliographie

Werkverzeichnis Cyrus Atabay

Einige Schatten. Gedichte. Nachwort von Max Rychner. Wiesbaden (Limes) 1956. (Dichtung unserer Zeit 5).

An- und Abflüge. Gedichte. München (Hanser) 1958.

Meditation am Webstuhl. Neue Gedichte. München (Hanser) 1960.

Gegenüber der Sonne. Gedichte und kleine Prosa. Hamburg (Claassen) 1964.

Doppelte Wahrheit. Gedichte und Prosa. Hamburg, Düsseldorf (Claassen) 1969.

An diesem Tage lasen wir keine Zeile mehr. Gedichte. Frankfurt/M. (Insel) 1974.

Das Auftauchen an einem anderen Ort. Gedichte. Frankfurt/M. (Insel) 1977.

Die Leidenschaft der Neugierde. Neue Gedichte. Düsseldorf (Eremiten-Presse) 1981.

Stadtplan von Samarkand. Porträts, Skizzen, Gedichte. Farbige Offsetlithographien von Winfred Gaul. Düsseldorf (Eremiten-Presse) 1983.

Salut den Tieren. Ein Bestiarium. Offsetlithographien von Bernhard Jäger. Düsseldorf (Eremiten-Presse) 1983.

Prosperos Tagebuch. Gedichte. Farbige Offsetlithographien von Winfred Gaul. Düsseldorf (Eremiten-Presse) 1985

Die Linien des Lebens. Gedichte.
Farbige Offsetlithographien von Winfred Gaul.
Düsseldorf (Eremiten-Presse) 1986.

Puschkiniana. Gedichte.
Farbige Offsetlithographien von Ulrich Erben.
Düsseldorf (Eremiten-Presse) 1990.

Gedichte 1956-86.
Frankfurt/M., Leipzig (Insel) 1991.

Leise Revolten. Kleine Prosa aus drei Jahrzehnten.
Herausgegeben von Jens Olsson.
Farbige Offsetlithographien von Winfred Gaul.
Düsseldorf (Eremiten-Presse) 1992.

Die Wege des Leichtsinns. Gedichte.
Düsseldorf (Eremiten-Presse) 1994.

Übersetzungen von Cyrus Atabay

Gesänge von Morgen. Neue iranische Lyrik.
Hamburg, Düsseldorf (Claassen) 1968.

Die Worte der Ameisen. Persische Mystik in Versen und Prosa.
Hamburg, Düsseldorf (Claassen) 1971.

Hafis: Liebesgedichte.
Hamburg (Hoffmann & Campe) 1965. Erweiterte Neuausgabe:
Frankfurt/M. (Insel) 1980. (Insel Bücherei 1009).

Omar Chajjam: Wie Wasser strömen wir.
Farbige Graphiken von Josua Reichert.
Düsseldorf (Eremiten-Presse) 1984.

Obeyd-e-Zakani: Mäuse gegen Katzen.
Fabel. Originalholzschnitte von Wolfgang Simon.
Düsseldorf (Eremiten-Presse) 1986.

Hafis: Offenbares Geheimnis.
Fünfzig Gedichte aus dem Diwan.
Farbige Graphiken von Josua Reichert.
Düsseldorf (Eremiten-Presse) 1987.

Dschalal ed-din Rumi: Die Sonne von Tabriz. Gedichte.
Aufzeichnungen und Reden.
Farbige Offsetlithographien von Winfred Gaul.
Düsseldorf (Eremiten-Presse) 1988.

Abul Ala Al-Ma'arri: Die Notwendigkeit des Unnützen.
Gedichte.
Farbige Graphik von Josua Reichert.
Düsseldorf (Eremiten-Presse) 1993.

Die Worte der Ameisen. Persische Weisheiten.
Frankfurt/M. (Insel) 1993. (Insel Bücherei 1130).

Dschalal ed-din Rumi: Ich sprach zur Nacht.
Hundert Vierzeiler.
Farbige Graphik (Materialdruck) von Josua Reichert.
Düsseldorf (Eremiten-Presse) 1996.

Die Autorinnen und Autoren

SIMINE ATABAY MANLEY, die Schwester von Cyrus Atabay, wanderte 1944 in die Vereinigten Staaten aus. Studium an der University of California, Los Angeles. 1971 kehrte sie in den Iran zurück und war offiziell zuständig für den Empfang ausländischer Diplomaten. Sie begleitete mehrere Delegationen für die Rechte der Frauen nach China, Rußland, Indien, Thailand und Nordkorea. Sie hat zwei Kinder, Minou und John, und lebt mit ihrer Familie in Los Angeles.

GERHARD BACHLEITNER studierte an der Universität München Germanistik, Philosophie und Sprachwissenschaft. Seither fachjournalistische Arbeit im Medienbereich, außerdem musikalische Tätigkeit. 1986–90 wissenschaftlicher Mitarbeiter am Lehrstuhl für Christliche Sozialethik (Prof. W. Korff) in München. 1994 Promotion. Seit 1996 wissenschaftlicher Referent in der Redaktion Bioethik/Wirtschaftsethik der Görres-Gesellschaft in München.

HANS BENDER, geboren 1919 in Mühlhausen/Kraichgau, lebt seit 1959 in Köln. Er veröffentlichte Gedichte, Erzählungen, Romane, Essays, Aufzeichnungen und Anthologien. Herausgeber der Zeitschrift «Konturen» (1950–54); Mitbegründer und Mitherausgeber der «Akzente» (1954–80). Zuletzt erschienen: Ich schreibe kurz. Aufzeichnungen (1996) und Hans Bender/Rainer Brambach: Briefe 1955–1983 (1997).

ERNST GÜNTHER BLEISCH aus Breslau lebt seit 1947 in München. Lyriker, Essayist, Rundfunkautor. Von seinen Büchern seien genannt: «Zeit ohne Uhr», Gedichte aus 30 Jahren; «Begegnungen an der Neiße»; «Die kleinen Irritationen». Auszeichnung mit dem Andreas-Gryphius- und dem Ernst-Hoferichter-Preis. Ehrengast der Villa Massimo, Rom. Bundesverdienstkreuz und weitere Auszeichnungen. In zahlreichen Anthologien, auch Schulbüchern, vertreten.

Elisabeth Borchers, geboren 1926 in Homberg/Niederrhein. 1960–71 Lektorin im Luchterhand Verlag; seit 1971 im Suhrkamp Verlag und im Insel Verlag in Frankfurt a. M. Veröffentlichungen: Lyrik und Prosa, Kinderbücher, Übersetzungen aus dem Französischen. Auszeichnungen: Kulturpreis der Deutschen Industrie, Roswitha-Gedenkmedaille (Literaturpreis der Stadt Bad Gandersheim). Mitglied im P.E.N., in der Akademie der Wissenschaften und der Literatur in Mainz. Vizepräsidentin der Deutschen Akademie für Sprache und Dichtung in Darmstadt.

Richard Exner, geboren 1929, wanderte 1950 in die Vereinigten Staaten aus. Studium der Germanistik und Vergleichenden Literaturwissenschaft. 1958–91 Professuren an der Princeton University, am Oberlin College und an der University of California, Santa Barbara. Seit 1992 wieder in Deutschland. Korrespondierendes Mitglied der Bayerischen Akademie der Schönen Künste. Veröffentlichungen: Wissenschaftliche Arbeiten, Essays, Prosa, Lyrik und Übersetzungen.

Winfred Gaul, geboren 1928 in Düsseldorf. Studium der Kunstgeschichte und Germanistik in Köln sowie an der Kunstakademie Stuttgart. 1964 Villa Romana-Preis, Florenz. Gastdozenturen im In- und Ausland, 1984 Ernennung zum Professor. Internationale Einzelausstellungen sowie Teilnahme an wichtigen Gruppenausstellungen. Im Verlag der Eremiten-Presse erschien – neben seinen eigenen Büchern – Buchgraphik von Winfred Gaul zu fünf Büchern von Cyrus Atabay. Lebt in Düsseldorf.

Ebrahim Golestan, geboren 1922 in Shiraz, Iran. Gab in Teheran die Zeitschriften «Rahbar» und «Mardom» heraus.

Arbeitet seit 1947 als Übersetzer, freier Schriftsteller und Filmemacher. Veröffentlichte mehrere Anthologien mit Kurzgeschichten und Novellen. Nachdem einer seiner Filme verboten wurde und ihm weitere Publikationen und Filme untersagt wurden, verließ er 1974 den Iran und lebt seitdem in England als freier Schriftsteller.

Eberhard Horst lebt als freier Schriftsteller in Gröbenzell. Er schrieb Erzählungen, Essays, Reisebücher, Biographien. Seine Werke, zumal seine großen Biographien, wurden mehrfach ausgezeichnet. Zuletzt erschien die Romanbiographie «Geliebte Theophanu». Horst ist Mitglied des P.E.N. und der Europäischen Akademie der Wissenschaften und Künste.

Vedat Kosal, geboren 1957 in Istanbul, schloß 1982 sein Musikstudium an der Münchener Musikhochschule in der Meisterklasse für Klavier bei Ludwig Hoffmann ab. Preisträger im II. Bundesdeutschen Chopin-Klavierwettbewerb in Darmstadt und Auszeichnung mit dem von Dänemark gestifteten Preis für die beste Interpretation einer Chopin-Sonate (1986). Zahlreiche Konzerte in Europa.

Laura Christa von Lengerke, Dr., lehrt Kunstgeschichte an der Ludwig-Maximilians-Universität München. Sie studierte u.a. Psychologie, Archäologie, Theaterwissenschaft, ostasiatische und präkolumbische Kunstgeschichte. Sie malt und stellt aus unter dem Namen Laura Novara.

Christoph Meckel, geboren 1935 in Berlin, ist Schriftsteller und Graphiker. Graphikstudium in Freiburg und München. Zahlreiche Veröffentlichungen, darunter Lyrik- und Prosabände, ein Roman und eine Biographie seines Vaters. Seit 1959 zahlreiche Auszeichnungen, darunter 1982 Georg-Trakl-Preis für Lyrik der Stadt Salzburg. Seit 1973 Mitglied des P.E.N.; seit 1980 Mitglied der Deutschen Akademie für Sprache und Dichtung, Darmstadt.

Jens D. Olsson, geboren 1944 in Büsum/Nordsee. Kunststudium in Hamburg, Diplom (Graphic Designer) 1965. 1965–77 Art Director in internationalen Werbeagenturen in Düsseldorf und Hamburg. 1977–82 selbständiger Art Director und Product Designer in Hamburg. Seit 1982 Mitinhaber, Geschäftsführer und Partner von Friedolin Reske im Verlag Eremiten-Presse in Düsseldorf.

Kavous Pirouzi-Pahlevan, geboren 1937 in Alasht am Kaspischen Meer. Studium in Perugia, München und Rom an der Accademia delle belle arti. Ab 1973 Kunstexperte am Ministerium für Kunst und Kultur in Teheran und Leiter der Teheraner Staatsgalerie. 1978 Berufung als Kulturreferent an die Kaiserliche Iranische Botschaft in Wien, wo er 1979 vom Amt zurücktrat. Heute freischaffender Künstler, zahlreiche Auszeichnungen, darunter die Friedens-Medaille Rom (1988).

Josua Reichert, geboren 1937 in Stuttgart, lebt und arbeitet seit 1972 als Drucker und Typograph in Haidholzen. 1959–60 Kunststudium bei HAP Grieshaber in Karlsruhe, seit 1960 freischaffender Künstler. Über hundert Einzelausstellungen im In- und Ausland. Mitglied im Deutschen Künstlerbund. Seit 1971 metergroße Handdrucke unter Verwendung persischer, arabischer und hebräischer Schriftzeichen. Bei der Eremiten-Presse erschien seit 1983 Buchgraphik zu Cyrus Atabays Übertragungen der Texte von Omar Chajjam, Hafis, Al Ma'arri und Rumi (1996).

Christa Reinig, geboren 1926 in Berlin, studierte Kunstgeschichte und christliche Archäologie. Mitglied der Gruppe 47. Bis 1963 Assistentin am Märkischen Museum in Berlin. Seit 1964 lebt Christa Reinig in München. Zahlreiche Auszeichnungen: Bremer Literaturpreis, Hörspielpreis der Kriegsblinden, Literaturpreise des Südwestfunks, Ehrengabe zur Förderung des Schrifttums, München, und Roswitha-Gedenkmedaille (Literaturpreis der Stadt Bad Gandersheim). Ehemalige Stipendiatin der Villa Massimo, Rom.

Leonhard Reinisch, geboren 1924 in Schluckenau/Nordböhmen. Studium in München. Ab 1948 Herausgeber der Zeitschrift «Neuer Ackermann – Blätter zur deutsch-tschechischen Versöhnung». 1965 ARD-Korrespondent in Prag, 1948–89 im Bayerischen Rundfunk, von 1966–89 Leiter des Nachtstudios. 1982 Ehrengabe der Bayerischen Akademie der Schönen Künste, 1988 Silbergriffel zur Förderung deutschen Schrifttums, München. Zahlreiche Publikationen, darunter zur Theologie und zur jüdischen Geschichte und Kultur.

Werner Ross ist Honorarprofessor für Vergleichende Literaturwissenschaft und -kritik. Er war von 1964 bis 1972 Generalsekretär des Goethe-Instituts. 1980 erschien seine Nietzsche-Biographie «Der ängstliche Adler», 1992 wurde er für seine Essayistik mit dem Ernst-Curtius-Preis ausgezeichnet. Er lebt als freier Schriftsteller in München. Mit Cyrus Atabay hat ihn eine lebhafte und kritische Freundschaft verbunden.

Wolfgang Sauré, Dr. phil., geboren 1935. Studium der Kunstgeschichte, Romanistik, Philosophie und Psychoanalyse. Lebt in München, Paris und Italien. Pariser Mitarbeiter von «Die Weltkunst», «Les Editions du XXième Siècle», «Les Editions de la Galerie Bellechassée». Freundschaft mit Zoran Music, Leonor Fini, N. Kandinsky. Frühe Bekanntschaft mit H. de Montherlant. Buch- und Katalogveröffentlichungen über J. Pomar, F. Köthe, F. Clerici, S. Dali, R. Laubiès, F. Stahly, Z. Beksinski, M. Henricot, L. Fini, zu Tachismus, Informel und zur Lyrischen Abstraktion.

Albert von Schirnding, geboren 1935 in Regensburg. Studium der klassischen Philologie und der Germanistik in München und Tübingen, Lehrer an einem Münchner Gymnasium. Er veröffentlichte Lyrik, erzählende und essayistische Prosa. Mitglied der Bayerischen Akademie der Schönen Künste und des P.E.N.

Helmut Vakily, geboren 1938 als Deutsch-Iraner in Konstanz/Bodensee, verbrachte zehn Jahre seiner Kindheit in Teheran. Nach seiner Rückkehr Studium der Malerei und Buchgraphik in Dortmund und Stuttgart. Bekanntschaft mit Cyrus Atabay machte Vakily erstmals 1963. Als Maler, Zeichner und Lyriker lebt Helmut Vakily seit 1961 in München und Collioure, ohne jemals den Iran wieder gesehen zu haben.

Harald Weinrich, geboren 1927, ist nach Professuren in Kiel, Köln, Bielefeld und München jetzt Professor für Romanistik am Collège de France, Paris. Er war als Gastprofessor an den Universitäten von Michigan und Princeton sowie am Wissenschaftskolleg Berlin tätig. An der Scuola Normale von Pisa hatte er den Galilei-Lehrstuhl inne. Er ist Ehrendoktor der Universitäten Bielefeld, Heidelberg und Augsburg. Im In- und Ausland erhielt er zahlreiche Preise und Auszeichnungen und ist Mitglied mehrerer Akademien sowie des P.E.N. Zahlreiche Veröffentlichungen, zuletzt: «Lethe. Kunst und Kritik des Vergessens», München 1997.

Luitgard Wiest, Dr. med., geboren 1938 in Ludwigshafen, Studium der Medizin und der Kunstgeschichte, dermatologische Praxis in München. Atabays Gedichte «Die Leidenschaft der Neugierde» weckten ihre Neugier, seitdem freundschaftliche Verbindung mit Atabay und gelegentliche Lebenshilfe.

Der Verlag C. H. Beck dankt Jens Olsson und Friedolin Reske von der Eremiten-Presse, Düsseldorf, für die gute Zusammenarbeit und dem Insel Verlag, Frankfurt am Main, für die freundliche Erlaubnis zum Abdruck der Gedichte von Cyrus Atabay.

Gesamtgestaltung Andreas Brylka, Hamburg. Satz Dammtorsatz, Hamburg. Druck und Bindung Kösel, Kempten/Allgäu.
Als Papier wurde ein 120 g schweres Alster-Werkdruck der Firma Geese, Hamburg, verwendet; es ist alterungsbeständig (säurefrei) und aus chlorfrei gebleichtem Zellstoff hergestellt.
Printed in Germany.

ISBN 3 406 42963 7